# A CRIANÇA E O NÚMERO

CONSTANCE KAMII

*Tradução*
Regina A. de Assis

A CRIANÇA E O NÚMERO

IMPLICAÇÕES EDUCACIONAIS DA TEORIA DE PIAGET PARA A ATUAÇÃO COM ESCOLARES DE 4 A 6 ANOS

PAPIRUS EDITORA

| | |
|---|---|
| Título original em inglês: *Number in preschool and kindergarten* © National Association for the Education of Young Children, 1982 | |
| *Tradução* | Regina A. de Assis |
| *Capa* | Francis Rodrigues |
| *Diagramação* | DPG Editora |
| *Revisão* | Caroline N. Vieira e Margareth Silva de Oliveira |

**Dados Internacionais de Catalogação na Publicação (CIP)**
**(Câmara Brasileira do Livro, SP, Brasil)**

Kamii, Constance
A criança e o número: Implicações educacionais da teoria de Piaget para a atuação com escolares de 4 a 6 anos/Constance Kamii; Trad. Regina A. de Assis. – 39ª ed. – Campinas, SP: Papirus, 2012.

Bibliografia.
ISBN 978-85-308-0151-9

1. Aritmética – Estudo e ensino  2. Número – Conceito infantil
3. Piaget, Jean, 1896-1980  I. Título.

12-05247 CDD-370.156

**Índice para catálogo sistemático:**

1. Aritmética: Pré-escola: Educação         370.156
2. Número: Aprendizagem: Psicologia educacional   370.156

**39ª Edição – 2012**
**12ª Reimpressão – 2024**

| | |
|---|---|
| Exceto no caso de citações, a grafia deste livro está atualizada segundo o Acordo Ortográfico da Língua Portuguesa adotado no Brasil a partir de 2009. | Proibida a reprodução total ou parcial da obra de acordo com a lei 9.610/98. Editora afiliada à Associação Brasileira dos Direitos Reprográficos (ABDR).<br><br>DIREITOS RESERVADOS PARA A LÍNGUA PORTUGUESA: © M.R. Cornacchia Editora Ltda. – Papirus Editora R. Barata Ribeiro, 79, sala 316 – CEP 13023-030 – Vila Itapura Fone: (19) 3790-1300 – Campinas – São Paulo – Brasil E-mail: editora@papirus.com.br – www.papirus.com.br |

# SUMÁRIO

PREFÁCIO À EDIÇÃO BRASILEIRA ................................................................. 7

INTRODUÇÃO ..................................................................................................... 9

1. A NATUREZA DO NÚMERO ..................................................................... 17

2. OBJETIVOS PARA "ENSINAR" NÚMERO ............................................... 33

3. PRINCÍPIOS DE ENSINO ........................................................................... 41

4. SITUAÇÕES ESCOLARES QUE O PROFESSOR PODE
   USAR PARA "ENSINAR" NÚMERO ........................................................... 65

REFERÊNCIAS BIBLIOGRÁFICAS .................................................................. 93

APÊNDICE: A AUTONOMIA COMO FINALIDADE DA
EDUCAÇÃO: IMPLICAÇÕES DA TEORIA DE PIAGET ............................... 97

# PREFÁCIO À EDIÇÃO BRASILEIRA

Ao visitar o Brasil em agosto de 1983, quando de sua participação no seminário sobre: "Aplicações da Teoria de Piaget à Educação Pré-Escolar e de Primeiro Grau", em Campinas-SP, Constance Kamii deixou-nos, entre outras, esta valiosa contribuição para a educação de crianças de 4 a 6 anos.

Foi com muita satisfação que recebi da autora a incumbência de traduzir esta obra tão oportuna e necessária à compreensão do processo de aquisição do número pela criança.

Aluna e colaboradora de Jean Piaget, a Dra. Kamii demonstra seu farto conhecimento sobre a teoria do famoso pesquisador e um talento muito especial para sintetizar aspectos significativos do trabalho de Piaget e de pesquisadores mais recentes.

Outra característica muito importante deste livro é a apresentação de uma abordagem bastante acessível, sobretudo para professores de pré e primeiro grau, alunos dos cursos de Pedagogia e Psicologia, de temas geralmente densos e expostos de maneira complexa por outros autores.

Assim é que, sem perder profundidade nem alcance, a Dra. Kamii trata de assuntos ligados à natureza do número e à aplicação destes conhecimentos à prática pedagógica de professores de crianças de 4 a 6 anos.

As reflexões, análises e sugestões que daí derivam compõem um quadro que certamente apoiará e esclarecerá o trabalho de professores, estudiosos, especialistas e pais de família, muitas vezes perplexos ante as constantes investidas comerciais de aparatos tecnológicos, cada vez mais sofisticados e atraentes, e "inovações pedagógicas" que prometem maravilhas no ensino do número.

O resgate de lições sabiamente aprendidas com o mestre Piaget e compartilhadas com outros pesquisadores redimensionam questões fundamentais sobre a aquisição do conceito de quantidade e suas múltiplas aplicações na vida de nossas crianças, com todas as consequências pedagógicas.

Dois aspectos são aparentes neste trabalho:

- o primeiro, relacionado com o respeito pela criança, o conhecimento sobre o desenvolvimento de sua inteligência e as relações com o meio e também com a importância dada ao trabalho dos professores;
- o segundo, mais aprofundado no Apêndice, relacionado com a finalidade dos processos educacionais utilizados pelas escolas.

Em ambos observa-se a busca de soluções para uma educação de maior qualidade, mais justa e democrática.

Embora os temas abordados ainda possam ser mais expandidos em outras obras, já anunciadas pela autora, cremos que a que ora temos em mãos contribuirá positivamente para o trabalho de todos os que estamos empenhados numa educação que faça jus à inteligência, à capacidade e aos direitos de nossas crianças.

*Regina de Assis*
Faculdade de Educação – Unicamp

# INTRODUÇÃO

Muitas crianças de quatro anos podem enfileirar tantos pedaços de isopor quantos os que a professora colocou numa fileira. Contudo, quando seu conjunto está espalhado como se vê na Fotografia 1, muitas delas acreditam que agora elas têm mais do que a professora.

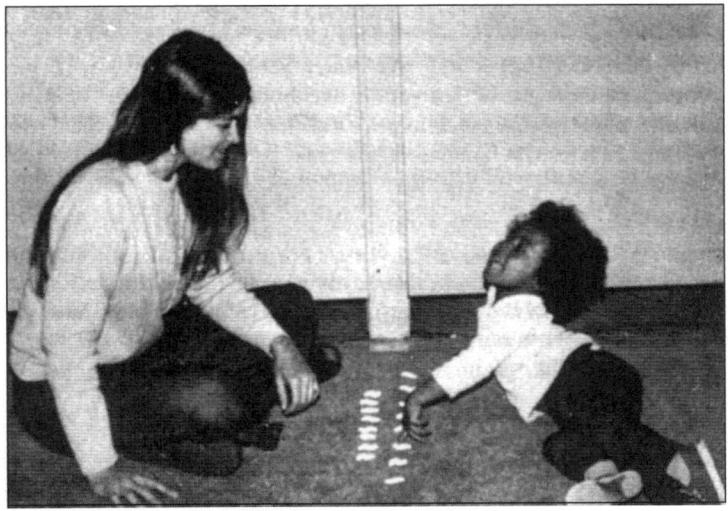

Fotografia 1. A prova de conservação do número.

Quando os educadores ouvem falar sobre este fenômeno de não conservação, pensam inevitavelmente sobre o que significa ensinar o número em sala de aula. Alguns concluem que as crianças que não conservam devem ser ensinadas a conservar o número.[1] Lavatelli (1973), por exemplo, sugeria que a professora lembrasse à criança a correspondência um a um fazendo uma ponte (ver Quadro 1) com um limpador de cachimbo, ligando cada elemento de um conjunto ao elemento correspondente de outro conjunto. Este tipo de ensino dirigido da tarefa de conservação é uma aplicação errônea da pesquisa de Piaget.[2] Por isso, quando critico tais tentativas de aplicação da pesquisa de Piaget à sala de aula, perguntam-me: – "Então, como é

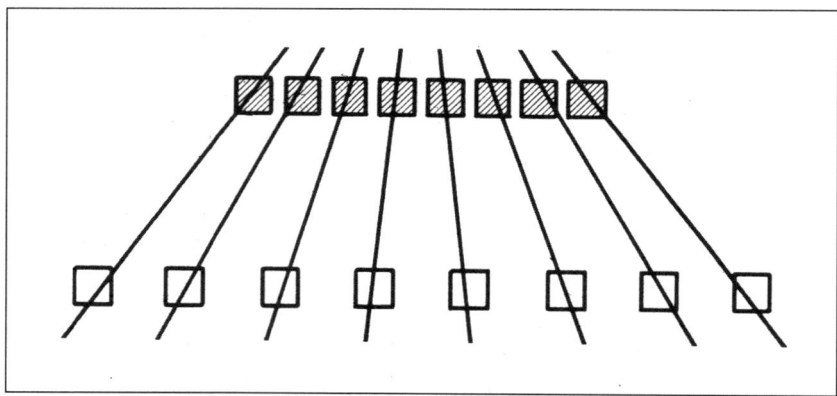

Quadro 1. Uma tentativa de ensinar crianças a conservar fazendo pontes para mostrar a correspondência um a um.

---

1. "Conservar o número" significa pensar que a quantidade continua a mesma quando o arranjo espacial dos objetos foi modificado. Esta explicação ficará mais clara adiante, quando a tarefa de conservação do número for descrita.
2. Essa maneira de ensinar é semelhante à tentativa de tornar as crianças mais inteligentes através do ensino das respostas corretas para o teste de Binet; porque ela ensina as crianças a darem as respostas certas a questões específicas formuladas na prova ou tarefa de conservação, sem permitir que elas construam a infraestrutura lógico-matemática de número. Esta explicação será elucidada adiante.

que você propõe o ensino do número?" – "Não existe algum jeito de aplicar esta teoria na sala de aula?"

É propósito deste livro responder a essas perguntas. A pesquisa e a teoria de Piaget são realmente úteis para o professor em sala de aula e podem fazer uma grande diferença na maneira de ensinar o número elementar. Enfocarei a maneira pela qual o professor pode usar a teoria de uma forma prática discutindo os quatro tópicos seguintes:

1. A natureza do número.
2. Objetivos para "ensinar" número.
3. Princípios de ensino.
4. Situações escolares que o professor pode usar para "ensinar" número.

Para os leitores que não estiverem familiarizados com a prova de conservação do número elementar, gostaria de apresentar uma breve revisão (Inhelder, Sinclair e Bovet 1974, pp. 275-277).

## Método[3]

Materiais:   20 fichas vermelhas
             20 fichas azuis

1. Igualdade:

A pessoa que realiza a experiência dispõe numa fileira aproximadamente 8 fichas azuis (pelo menos 7)[4] e pede à criança

---

3. Na descrição que se segue, a situação pode parecer um tanto padronizada. Cada situação deve ser adaptada ao sujeito particular, especialmente no que diz respeito à sua compreensão sobre termos utilizados em quantificação.
4. Piaget se referia aos pequenos números, até quatro ou cinco, como "números perceptuais", porque os pequenos números como "00" ou "000" podem

para colocar o mesmo número de suas fichas vermelhas dizendo: "Coloque tantas fichas vermelhas como eu coloquei as azuis... (exatamente o mesmo número, tantas quantas, nem mais, nem menos)". A resposta da criança é registrada em seu protocolo. Se necessário, quem realiza a experiência coloca então as fichas azuis e vermelhas numa correspondência um a um e pergunta à criança se as duas fileiras têm a mesma quantidade.

2. Conservação:

O experimentador modifica a disposição das fichas diante dos olhos atentos da criança, espaçando-as em uma das fileiras, ou movendo ambas ao mesmo tempo (ver Quadro 2). São feitas então as seguintes perguntas: – "Existem tantas (o mesmo número de) azuis quantas vermelhas, ou há mais aqui (azul) ou mais aqui (vermelha)? Como é que você sabe?"

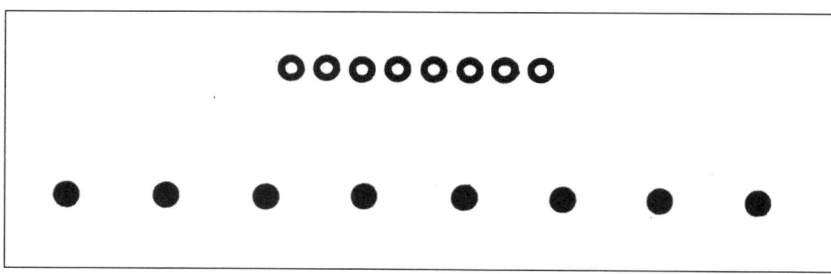

Quadro 2. Modo de colocar os objetos quando se pergunta à criança se há tantas azuis quantas vermelhas, ou mais azuis, ou mais vermelhas.

3. Contra-argumentação:

a. Se a criança deu uma resposta correta quanto à conservação, o experimentador diz: "Veja como esta fileira é mais

---

ser facilmente distinguidos com uma olhada, de maneira apenas perceptual. Por outro lado, quando são apresentados sete objetos, é impossível distinguir "0000000" de "00000000", por exemplo, somente através da percepção.

comprida. Uma outra criança disse que há mais fichas nesta fileira porque ela é mais comprida. Quem está certo, você ou a outra criança?"

b. Contudo, se a resposta da criança foi errada, o experimentador a lembrará da igualdade inicial: – "Mas você não se lembra de antes? Nós colocamos uma ficha vermelha em frente de cada azul. A outra criança disse que havia a mesma quantidade de vermelhas e azuis. Quem você acha que está certo, você ou a outra criança?"

4. Quotidade:[5]

O experimentador pede à criança para contar as azuis e, quando ela termina, ele esconde as vermelhas e pergunta: – "Quantas vermelhas você acha que existem? Você pode adivinhar sem contar? Como é que você sabe?"

*Níveis*

A Tabela 1 sintetiza a ordem hierárquica do desenvolvimento. No Nível I, a criança não consegue fazer um conjunto com o mesmo número. Por isso é desnecessário dizer que ela ainda não pode conservar a igualdade dos dois conjuntos. Algumas dessas crianças dispõem todas as fichas vermelhas aleatoriamente como se vê no Quadro 3(a). Elas só param de colocar suas fichas porque não têm mais nenhuma para colocar. O Quadro 3(b) mostra uma resposta mais avançada no Nível I. As crianças que fazem isso não dispõem

---

5. Quotidade (*quotity* em inglês e *quotité* em francês, distintas de *quantity* e *quantité*, que significam quantidade) se refere ao resultado do ato de contar. Depois de contar oito objetos na fileira azul, alguns não conservadores podem adivinhar que deve haver oito na fileira vermelha. Mesmo assim frequentemente essas crianças continuam acreditando que há mais na fileira mais longa.

exatamente o mesmo número, mas usam cuidadosamente os limites espaciais das fileiras como um critério para decidir sobre a "igualdade" das duas quantidades. (Quando as crianças ainda não construíram o início da estrutura mental do número, que se vê no Quadro 5(b), elas usam o que lhes parece ser o melhor critério, ou seja, neste caso, os limites espaciais dos conjuntos.)

Tabela 1. Ordem hierárquica do desenvolvimento na conservação do número elementar.

|  | Igualdade | Conservação |
|---|---|---|
| Nível I | – | – |
| Nível II | + | – |
| Nível III | + | + |

No Nível II, que se encontra entre quatro e cinco anos de idade, a criança consegue fazer um conjunto com o mesmo número, mas não consegue conservar essa igualdade.[6] Quando a pergunta da conservação lhe é feita, ela diz, por exemplo: – "Tem mais vermelhas porque as azuis estão todas espremidas".

As crianças do Nível III são conservadoras. Dão respostas corretas a todas as perguntas, não são confundidas por contra-argumentações e dão um ou mais dos seguintes argumentos para explicar por que acham que as duas fileiras têm a mesma quantidade:

a. "Existem tantas azuis quantas vermelhas porque já era assim muito antes, e nós não retiramos nada, elas só estavam espremidas." (Argumento da *identidade*)

---
6. As idades mencionadas são aproximadas. Variam de acordo com o ambiente cultural e educacional da criança.

b. "Nós podíamos colocar todas as vermelhas do jeito que estavam antes, por isso não há mais azuis ou mais vermelhas." (Argumento da *reversibilidade*)

c. "Aqui as vermelhas estão numa fileira comprimida, mas há espaço entre as fichas azuis, por isso dá na mesma." (Argumento da *compensação*)

A conservação não é atingida imediatamente e, entre os níveis II e III, há um nível intermediário. As crianças do nível intermediário dão resposta correta a apenas uma das perguntas quando se faz uma fileira ficar mais comprida, e em seguida a outra; ou elas hesitam e/ou estão sempre mudando de ideia (... "tem mais azuis... não, vermelhas... ambas são iguais..."). 

Mesmo quando essas crianças dão respostas certas, não podem justificá-las adequadamente.

A questão da quotidade mostra que a relação entre linguagem e pensamento não é simples. Algumas crianças do Nível II dão a resposta correta ("Há oito azuis; por isso eu acho que também há oito vermelhas."), mas pensam que há mais numa fileira do que na outra.

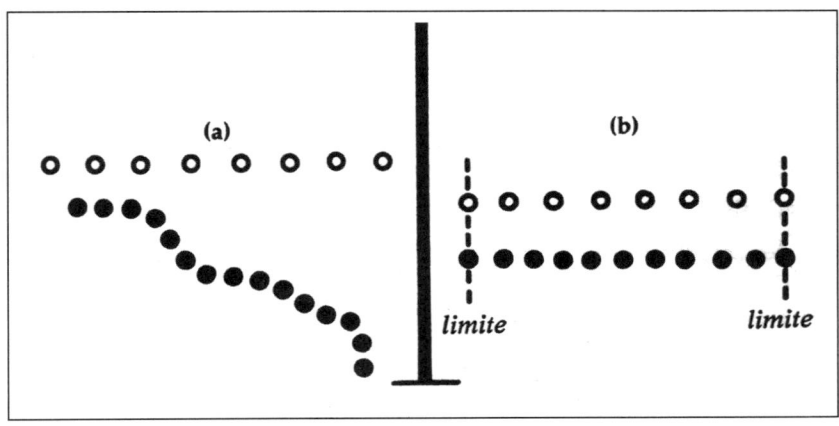

Quadro 3. Duas tentativas no Nível I de fazer um conjunto que tenha o mesmo número.

Contudo, ao atingir o nível intermediário, as crianças sempre dão a resposta certa à pergunta da quotidade.

Quando os educadores descobrem os níveis citados, frequentemente pensam que lhes cabe a tarefa de levar as crianças ao nível de desenvolvimento seguinte. Na próxima seção sobre a natureza do número, tentarei mostrar que essa é uma aplicação falsa da teoria de Piaget. De acordo com ele, o número é construído por cada criança a partir de todos os tipos de relações que ela cria entre os objetos. Espero que a discussão esclareça também por que declarei anteriormente que o ensino direto da conservação é uma falsa aplicação da teoria de Piaget.

# 1
# A NATUREZA DO NÚMERO

Piaget estabeleceu uma distinção fundamental entre três tipos de conhecimento considerando suas fontes básicas e seu modo de estruturação: conhecimento físico, conhecimento lógico-matemático e conhecimento social (convencional).

## Conhecimento físico e lógico-matemático

Piaget concebeu dois tipos, ou polos, de conhecimento – o conhecimento físico num extremo e o lógico-matemático no outro.

O conhecimento físico é o conhecimento dos objetos da realidade externa. A cor e o peso de uma plaqueta são exemplos de propriedades físicas que estão *nos* objetos na realidade externa, e podem ser conhecidas pela observação. O conhecimento de que a plaqueta cairá quando a deixarmos solta no ar é também um exemplo de conhecimento físico.

Contudo, quando nos apresentam uma plaqueta vermelha e uma azul, notamos a diferença, esta diferença é um exemplo de pensamento lógico-matemático. As plaquetas são realmente passíveis de observação, mas a diferença entre elas não. A diferença é uma *relação* criada mentalmente pelo indivíduo que relaciona os dois objetos. A diferença não está nem *em* uma plaqueta nem *em* outra. Se a pessoa não colocasse os objetos dentro desta relação, para ela não existiria a diferença.

Outros exemplos das relações que o indivíduo pode criar entre as duas plaquetas são: *parecidas, mesmo peso e duas*. É tão correto dizer que plaquetas azuis e vermelhas são parecidas, quanto dizer que elas são diferentes. A relação na qual uma pessoa coloca os objetos é uma decisão sua. De um ponto de vista as duas plaquetas são diferentes e de outro elas são parecidas. Se a pessoa deseja comparar o peso das duas plaquetas, é provável que diga que os objetos são iguais (em peso). Se, contudo, quiser analisar os objetos numericamente, dirá que são "dois". As duas plaquetas são observáveis, porém sua "natureza dual" não é.

O número é a relação criada mentalmente por cada indivíduo.[1]

A criança progride na construção do conhecimento lógico-matemático pela coordenação das relações simples que anteriormente ela criou entre os objetos.

---

1. Apresso-me em dizer que "dois" não é um bom número para ilustrar a natureza lógico-matemática do número. Piaget faz uma diferença entre *números perceptuais* e números. Os números perceptuais são números pequenos, até quatro ou cinco, que podem ser distinguidos através da percepção, sem requerer uma estruturação lógico-matemática. Até alguns pássaros podem ser treinados para distinguir entre "00" e "000". Contudo, é impossível distinguir "0000000" de "00000000" apenas pela percepção. Os números pequenos que são maiores que quatro ou cinco são chamados de *números elementares*. A tarefa de conservação descrita anteriormente usa sete ou oito objetos e envolve números elementares. Embora o "dois" seja um número perceptual, ele também pode ser um número lógico-matemático para um adulto que já construiu todo o sistema lógico-matemático dos números. Mesmo reconhecendo o problema dos números perceptuais, escolhi o número dois nesse exemplo porque, com duas fichas, posso ilustrar outras relações simples tais como *diferente, parecida* e do *mesmo peso*.

O conhecimento lógico-matemático consiste na coordenação de relações. Por exemplo, ao coordenar as relações de *igual, diferente* e *mais,* a criança se torna apta a deduzir que há mais contas no mundo que contas vermelhas e que há mais animais do que vacas. Da mesma forma é coordenando a relação entre "dois" e "dois" que ela deduz que 2+2=4 e que 2x2=4.

Assim, Piaget reconhecia fontes internas e externas do conhecimento. A fonte do conhecimento físico (assim como do conhecimento social) é parcialmente[2] externa ao indivíduo. A fonte do conhecimento lógico-matemático, ao contrário, é interna. Esta afirmação será esclarecida pela discussão que se segue a respeito dos dois tipos de abstração através dos quais a criança constrói o conhecimento físico e o lógico-matemático.

*A construção do conhecimento físico e do conhecimento lógico-matemático: abstração reflexiva e empírica*

A visão de Piaget sobre a natureza lógico-matemática do número está em agudo contraste com a visão dos professores de matemática encontrada na maioria dos textos. Um texto típico de matemática moderna (Duncan *et al.* 1972, p. T30) declara, por exemplo, que o número "é uma propriedade dos conjuntos, da mesma maneira que idéias como cor, tamanho e forma se referem a propriedades dos objetos".

Assim apresentam-se às crianças conjuntos de quatro lápis, quatro flores, quatro balões e cinco lápis, por exemplo, para pedir-lhes que encontrem os conjuntos que tenham a mesma "propriedade de número". Este exercício reflete a suposição de que a criança aprende conceitos sobre o número ao abstrair a "propriedade de número" a partir de vários conjuntos, do mesmo modo que elas abstraem a cor e outras propriedades físicas dos objetos.

---

2. A razão pela qual usei a expressão *parcialmente* ficará mais clara quando passar à discussão sobre a abstração empírica e reflexiva.

Na teoria de Piaget, a abstração da cor a partir dos objetos é considerada de natureza muito diferente da abstração do número. As duas são, de fato, tão diferentes que até se distinguem por termos diferentes. Para a abstração das propriedades a partir dos objetos, Piaget usou o termo abstração *empírica* (ou *simples*). Para a abstração do número, ele usou o termo abstração *reflexiva*.

Na abstração empírica, tudo o que a criança faz é focalizar uma certa propriedade do objeto e ignorar as outras. Por exemplo, quando a criança abstrai a cor de um objeto, simplesmente ignora as outras propriedades tais como o peso e o material de que o objeto é feito (isto é, plástico, madeira, metal etc.).

Em contrapartida, a abstração reflexiva envolve a construção de relações entre os objetos. As relações, como disse anteriormente, não têm existência na realidade externa. A diferença entre uma ficha e outra não existe em uma ficha ou outra, nem em nenhuma outra parte da realidade externa. A relação entre os objetos existe somente nas mentes daqueles que podem criá-la. O termo abstração *construtiva* poderia ser mais fácil de entender do que abstração *reflexiva*, para indicar que esta abstração é uma construção feita pela mente, em vez de representar apenas o enfoque sobre algo já existente nos objetos.

Tendo feito a distinção entre a abstração reflexiva e a empírica, Piaget prosseguiu afirmando que, no âmbito da realidade psicológica da criança, não é possível que nenhum dos tipos de abstração exista sem a presença do outro. Por exemplo, a criança não poderia construir a relação *diferente* se não pudesse observar propriedades de diferença entre os objetos. Da mesma forma, a relação *dois* seria impossível de ser construída se as crianças pensassem que os objetos reagem como gotas d'água (que se combinam e se transformam numa gota). Por outro lado, a criança não poderia construir o conhecimento físico se ela não tivesse um sistema de referência lógico-matemático que lhe possibilitasse relacionar novas observações com um conhecimento já existente. Para perceber que um certo peixe é vermelho, por exemplo, a criança necessita possuir um esquema classificatório para distinguir o *vermelho* de *todas* as *outras cores*. Ela também precisa de um esquema classificatório para distinguir *peixe* de todos os outros objetos que já conhece.

Portanto um sistema de referência lógico-matemático (construído pela abstração reflexiva) é necessário para a abstração empírica, porque nenhum fato poderia ser "lido" a partir da realidade externa se cada fato fosse um pedaço isolado do conhecimento, sem nenhuma relação com o conhecimento já construído numa forma organizada.

Assim, durante os estágios sensório-motor e pré-operacional, a abstração reflexiva não pode acontecer independentemente da empírica, mais tarde, entretanto, ela poderá ocorrer sem depender desta última. Por exemplo, se a criança já construiu o número (por abstração reflexiva), ela será capaz de operar sobre os números e fazer 5+5 e 5x2 (por abstração reflexiva). O fato de que a abstração reflexiva não pode ocorrer independentemente das primeiras construções de relações feitas pelas crianças tem implicações importantes para o ensino do número. Este princípio implica que a criança deve colocar todos os tipos de conteúdo (objetos, eventos e ações) dentro de todos os tipos de relações para chegar a construir o número. Este princípio será elaborado brevemente, logo abaixo, e no Capítulo 3 (sobre os princípios de ensino).

A distinção entre os dois tipos de abstração pode parecer pouco importante enquanto a criança está aprendendo os pequenos números, digamos até 10. Contudo, quando ela prossegue em direção a números maiores, tais como 999 e 1.000, fica claro que é impossível aprender cada número até o infinito através da abstração empírica a partir de conjuntos de objetos ou figuras! Os números são aprendidos pela abstração reflexiva, à medida que a criança constrói relações.

Como essas relações são criadas pela mente, é possível entender números como 1.000.002 mesmo que nunca tenhamos visto ou contado 1.000.002 objetos num conjunto.

*A construção do número: a síntese da ordem e da inclusão hierárquica*

O número, de acordo com Piaget, é uma síntese de dois tipos de relações que a criança elabora entre os objetos (por abstração reflexiva). Uma é a ordem e a outra é a inclusão hierárquica.

Gostaria de iniciar a discussão através do que Piaget entendia por ordem. Todos os professores de crianças pequenas podem observar a tendência, comum entre elas, de contar objetos saltando alguns, ou de contar o mesmo objeto mais de uma vez. Por exemplo, quando se dão oito objetos a uma criança capaz de recitar "um, dois, três, quatro..." corretamente até dez, pode ser que ela termine de contar garantindo que há dez objetos, ao contá-los da maneira que aparece no Quadro 4(a). Esta tendência mostra que a criança não sente a necessidade lógica de colocar os objetos numa determinada ordem para assegurar-se de que não salta nenhum nem conta o mesmo objeto duas vezes. Só podemos nos assegurar de que não deixamos de contar nenhum objeto, ou de que não repetimos nenhum, se o colocarmos em ordem. Contudo, não é necessário que a criança coloque os objetos literalmente numa ordem espacial para arranjá-los numa relação organizada. O importante é que possa ordená-los mentalmente como se vê no Quadro 4(b).

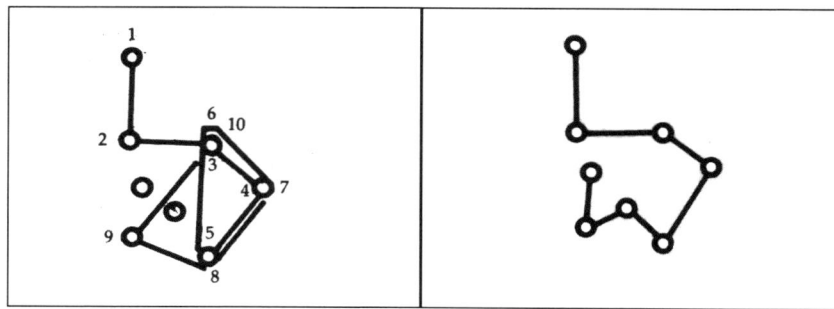

Quadro 4(a). A maneira pela qual muitas crianças de 4 anos contam.

Quadro 4(b). A ordenação mental dos objetos mostrados no Quadro 4(a).

Se a ordenação fosse a única operação mental da criança sobre os objetos, estes não poderiam ser quantificados, uma vez que a criança os consideraria apenas um de cada vez, em vez de um grupo de muitos ao mesmo tempo.

Por exemplo, depois de contar oito objetos arranjados numa relação ordenada, como se vê no Quadro 5(a), a criança geralmente diz que há oito. Se lhe pedirmos então que nos mostre os oito, às vezes ela aponta para o último (o oitavo objeto). Esse comportamento indica que, para essa criança, as palavras *um, dois, três* etc. são nomes para elementos individuais de uma série, como *João, Maria, Suzaninha... Pedro*. Portanto, quando lhe perguntamos quantos são, a criança responde o que chega até Pedro. O nome Pedro serve para o último indivíduo da série e não para o grupo todo. Para quantificar os objetos como um grupo, a criança tem que colocá-los numa relação de inclusão hierárquica. Esta relação, vista no Quadro 5(b), significa que a criança inclui mentalmente *um* em *dois, dois* em *três, três* em *quatro* etc. Quando lhe apresentam os oito objetos, ela só consegue quantificar o conjunto numericamente se puder colocá-los todos numa única relação que sintetize[3] ordem[4] e inclusão hierárquica.

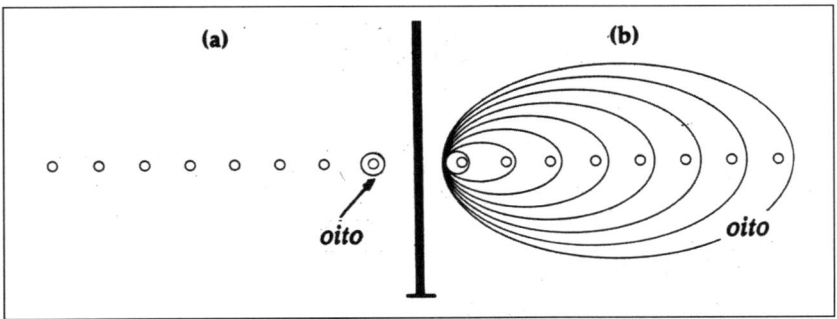

Quadro 5. O termo oito usado para se referir apenas ao último elemento, ao contrário da mesma palavra usada com a estrutura da inclusão hierárquica.

---

3. Um outro termo para *síntese* é a *assimilação recíproca de dois esquemas* – o esquema da ordenação e o de ir incluindo hierarquicamente um em dois, dois em três etc.
4. Embora seja necessário ordenar os objetos para assegurar-se de que nenhum foi saltado ou contado mais de uma vez, a ordem específica se torna irrelevante depois que o objeto já foi contado. Após ter sido contado o objeto inclui-se na categoria dos já contados, como qualquer outro objeto, e não importa se o objeto específico era o terceiro, quarto ou o quinto objeto na ordem.

A reação das crianças pequenas à tarefa de inclusão de classes[5] ajuda-nos a entender quão difícil é construir a estrutura hierárquica. Na tarefa de inclusão de classes, por exemplo, a criança recebe seis cachorros em miniatura e dois gatos do mesmo tamanho. Em seguida faz-se a pergunta: – "O que é que você vê?", para que o examinador possa prosseguir com alguma palavra que venha do vocabulário da criança. Então, pede-se à criança que mostre *"todos os animais", "todos os cachorros"* e *"todos os gatos"* com as palavras que a criança tiver usado (p. ex.: cachorrinho).

Somente depois de assegurar-se sobre a compreensão da criança a respeito dessas palavras é que o adulto faz a seguinte pergunta em relação à inclusão de classes: "Existem mais cachorros ou mais animais?"

A resposta típica das crianças de 4 anos é: – "Mais cachorros", quando então o adulto pergunta: – "Mais do que o quê?". A resposta da criança de 4 anos é: – "Do que gatos". A pergunta que o examinador faz, em outras palavras, é: "Existem mais cachorros ou mais animais?", mas o que as crianças pequenas "ouvem" é: "Existem mais cachorros ou mais gatos?". As crianças pequenas ouvem uma pergunta diferente daquela que o adulto fez porque, uma vez que elas seccionaram mentalmente o todo (animais) em duas partes (gatos e cachorros), a única coisa sobre as quais podem pensar são as duas partes. Para elas, naquele momento, o todo não existe mais. Elas conseguem pensar sobre o todo, mas não quando estão pensando sobre as partes. Para comparar o todo com uma parte, a criança tem que realizar duas operações mentais

---

5. A tarefa da inclusão de classes pretende determinar a habilidade da criança para coordenar os aspectos qualitativos e quantitativos de uma classe e uma subclasse. Por exemplo, a criança que diz que há mais cachorros do que animais não está coordenando os aspectos quantitativos e qualitativos da classe (animais) e da subclasse (cachorros). A inclusão de classes é semelhante, porém diferente da estrutura hierárquica de número. A inclusão de classes maneja com qualidades tais como as que caracterizam cachorros, gatos e animais. Contudo, no número, todas as qualidades são irrelevantes, porque o cachorro e o gato são ambos considerados "uns". Uma outra diferença entre o número e a inclusão de classes é a de que existe somente um elemento em cada nível hierárquico do número. Numa classe, geralmente, existe mais de um elemento.

ao mesmo tempo – cortar o todo em duas partes e recolocar as partes juntas formando um todo. Isto, de acordo com Piaget, é precisamente o que as crianças de quatro anos não conseguem fazer.

Entre sete e oito anos de idade, a maior parte do pensamento das crianças se torna flexível o bastante para ser reversível.

A reversibilidade se refere à habilidade de realizar mentalmente ações opostas simultaneamente – neste caso, cortar todo em duas partes e reunir as partes num todo. Na ação física, material, não é possível fazer duas coisas opostas simultaneamente. Contudo, em nossa cabeça, isso é possível quando o pensamento se tornou bastante móvel para ser reversível. Somente quando as partes puderem ser reunidas em sua mente é que a criança poderá "ver" que há mais animais que cachorros.

É por isso que Piaget explica a obtenção da estrutura hierárquica da inclusão de classes pela mobilidade crescente do pensamento da criança. Por essa razão é tão importante que as crianças possam colocar todos os tipos de conteúdos (objetos, eventos e ações) dentro de todos os tipos de relações.

Quando as crianças colocam todos os tipos de conteúdos em relações, seu pensamento se torna mais móvel, e um dos resultados desta mobilidade é a estrutura lógico-matemática de número vista no Quadro 5(b).

## O conhecimento lógico-matemático e social (convencional)

A teoria do número de Piaget também é contrária ao pressuposto comum de que os conceitos numéricos podem ser ensinados pela transmissão social, como o conhecimento social (convencional), especialmente o ato de ensinar as crianças a contar. Exemplos de conhecimento social (convencional) são os que se referem a fatos como de que o Natal sempre ocorra em 25 de dezembro, que uma árvore é chamada de *árvore*, que algumas pessoas se cumprimentam em certas circunstâncias, apertando as mãos, e que as mesas não foram feitas para que se fique de pé sobre elas.

A origem fundamental do conhecimento social são as convenções construídas pelas pessoas. A característica principal do conhecimento social é a de que possui uma natureza amplamente arbitrária. O fato de que alguns povos celebram o Natal, enquanto outros não o fazem, é um exemplo da arbitrariedade do conhecimento social. Não existe nenhuma razão física ou lógica para que o dia 25 de dezembro seja de algum modo considerado diferente de qualquer outro dia do ano. Da mesma forma o fato de uma árvore ser chamada de *árvore* é completamente arbitrário.

O mesmo objeto pode ter diversos nomes em várias línguas distintas, uma vez que não exista nenhuma relação física ou lógica entre um objeto e o seu nome. Portanto, para que a criança adquira o conhecimento social é indispensável a interferência de outras pessoas.

A afirmação anterior não implica que a interferência de outras pessoas baste para que a criança adquira o conhecimento social. Assim como o conhecimento físico, o conhecimento social é um conhecimento de conteúdo e requer uma estrutura lógico-matemática para sua assimilação e organização. Assim como a criança necessita de uma estrutura lógico-matemática para reconhecer um peixe vermelho como tal (conhecimento físico), ela necessita da mesma estrutura lógico-matemática para reconhecer uma palavra obscena como tal (conhecimento social). Para reconhecer uma palavra obscena a criança necessita fazer dicotomias entre "palavras obscenas" e "palavras que não são obscenas", e entre "palavras" e "tudo o mais". A mesma estrutura lógico-matemática é usada pela criança para construir tanto o conhecimento físico quanto o social.

As pessoas que acreditam que os conceitos numéricos devem ser ensinados através da transmissão falham por não fazerem a distinção fundamental entre o conhecimento social e o lógico-matemático. No conhecimento lógico-matemático, a base fundamental do conhecimento é a própria criança, e absolutamente nada arbitrário neste domínio. Por exemplo, 2+3 dá o mesmo resultado em todas as culturas. Na verdade, toda cultura que construir algum sistema de matemática terminará construindo exatamente a mesma matemática, porque este é um sistema de relações no qual absolutamente nada é arbitrário. Para citar um exemplo da natureza universal e não arbitrária do conhecimento lógico-matemático, podemos dizer que há mais animais do que vacas em todas as culturas.

As palavras *um, dois, três, quatro* são exemplos de conhecimento social. Cada idioma tem um conjunto de palavras diferente que serve para o ato de contar. Contudo, a ideia subjacente de número pertence ao conhecimento lógico-matemático, o qual é universal.

Portanto, a visão de Piaget contrasta com a crença de que existe um "mundo dos números" em direção ao qual toda criança deve ser socializada. Pode-se afirmar que há consenso a respeito da soma de 2+3, mas nem o número, nem a adição estão "lá fora", no mundo social, para serem transmitidos pelas pessoas. Pode-se ensinar as crianças a darem a resposta correta para 2+3, mas não será possível ensinar-lhes diretamente as relações que subjazem nesta adição. Da mesma forma, até as crianças de dois anos podem ver a diferença entre uma pilha de três blocos e uma de dez. Mas isto não implica que o número esteja "lá fora", no mundo físico, para ser aprendido através da abstração empírica.

## A implicação da tarefa de conservação para os educadores

Para os educadores, a tarefa de conservação repousa principalmente na epistemologia. A epistemologia é o estudo do conhecimento que formula perguntas como: "Qual é a natureza do número?" e "De que modo as pessoas chegaram a conhecer o número?". Piaget inventou a tarefa de conservação para responder a estes tipos de perguntas. Com essa tarefa, provou que o número não é alguma coisa conhecida inatamente, por intuição, ou empiricamente, pela observação. O fato de que as crianças pequenas não conservam o número antes dos cinco anos mostra que o número não é conhecido inatamente e leva muitos anos para ser construído. Se fosse passível de ser conhecido pela observação, seria suficiente para crianças de menos de cinco anos serem expostas à correspondência um a um entre duas fileiras, para saberem que os dois conjuntos do Quadro 2 têm a mesma quantidade. Piaget também provou, com a tarefa de conservação, que os conceitos numéricos não são adquiridos através da linguagem. Se assim fosse, as crianças não diriam que "há oito em cada fileira, mas a mais comprida tem mais".[6]

Com esta e muitas outras provas, Piaget e seus colaboradores demonstraram que o número é alguma coisa que cada ser humano constrói através da criação e coordenação de relações. Por causa da construção individual do número, é que vemos a sequência do desenvolvimento sumarizada na Tabela 1 (p. 14). No nível I, a criança não pode nem fazer um conjunto que tenha o mesmo número. No nível II, torna-se apta para fazer isto porque começou a construir a estrutura lógico-matemático (mental) de número que se vê no Quadro 5(b). Contudo, esta estrutura emergente ainda não é suficientemente forte para permitir-lhe a conservação de igualdade numérica dos dois conjuntos. No nível III, ela construiu uma estrutura numérica que se tornou bastante forte para habilitá-la a ver os objetos numericamente, em vez de espacialmente.

Observe que, quando a criança ainda não tem a estrutura (mental) de número dos níveis I e II, ela baseia seu julgamento no espaço, ou na percepção de fronteiras.

No nível I, como se vê no Quadro 3(b) (p. 15), ela usa os limites das fileiras para fazer um conjunto que tenha "a mesma quantidade". No nível II, quando uma fileira ultrapassa os limites da outra, como se vê no Quadro 2 (p. 12), a criança conclui que esta fileira tem "mais". A criança que não tem a estrutura de número usa a melhor coisa que lhe ocorre para fazer julgamentos quantitativos, isto é, utiliza a noção de espaço. Contudo, quando ela já tiver construído a estrutura de número, o espaço ocupado pelos objetos se torna irrelevante, pois a criança faz julgamentos quantitativos impondo uma estrutura numérica aos números.

---

6. A tarefa de quotidade (Gréco 1962) mostra, contudo, que o ato de contar pode ser uma ferramenta útil para o pensamento. Depois de obter uma resposta de não conservação por parte da criança, Gréco obtinha, algumas vezes, uma resposta de conservação ao pedir à criança que contasse as duas fileiras. As interpretações de Piaget e Gréco sobre este fenômeno são as de que, quando a criança se encontra num nível de transição mais alto, a linguagem pode ser um instrumento útil que lhe permite, por vezes, pensar num nível ainda mais alto.

Embora a tarefa de conservação tenha sido concebida para responder a perguntas epistemológicas, ela também pode ser usada para responder a perguntas psicológicas referentes ao ponto em que se encontra cada criança na sequência do desenvolvimento. Contudo, seria um absurdo que os educadores treinassem as crianças no sentido de que elas dessem respostas de nível mais elevado a esta tarefa. A razão desta minha posição é que o desempenho na tarefa é uma coisa e o desenvolvimento das infraestruturas mentais, ilustradas no Quadro 5(b), é outra coisa totalmente diferente. Os educadores devem favorecer o desenvolvimento desta estrutura, em vez de tentar ensinar as crianças a darem respostas corretas e superficiais na tarefa de conservação.

Resultados encontrados em outra prova podem esclarecer a diferença entre o desempenho na mesma é a infraestrutura mental aí presente. Passo agora a discutir brevemente os aspectos mais significativos de uma prova chamada *conexidade*, que foi conduzida por Morf (1962) em colaboração com Piaget. Veremos que embora a estrutura mental de número esteja bastante bem formada em torno dos cinco para os seis anos, possibilitando à maioria das crianças a conservação do número elementar, ela não está suficientemente estruturada antes dos sete anos e meio de idade, para permitir que a criança entenda que todos os números consecutivos estão conectados pela operação de "+ 1". Na tarefa de conexidade, Morf apresentou 9 cubos (de 2 $cm^3$ de tamanho) a uma criança, como se vê no Lado A do Quadro 6(a). Colocou outros 30 blocos aproximadamente sobre uma régua, em fila, e deixou cair um de cada vez para começar o arranjo linear marcado como B. Depois de assegurar-se da compreensão da criança acerca do fato de que B podia ser aumentado pela queda contínua de blocos da régua, ele fazia a seguinte pergunta: "Se eu continuar deixando os blocos caírem um a um, terei o mesmo número aqui (B), e aqui (A)?" Aos sete anos e meio de idade, as crianças pensavam que a resposta era tão óbvia que a pergunta era estúpida. Contudo, antes desta idade elas não estavam tão seguras.

Quando o adulto continuava deixando cair um bloco de cada vez e perguntava, depois de adicionar mais um deles, se os dois grupos agora tinham o mesmo número, muitas crianças persistiam dizendo "Não" até que, subitamente, declaravam que B tinha demais. Quando se lhes perguntava se havia um momento em que as quantidades eram exatamente as mesmas, as crianças respondiam: "Não, durante muito tempo B não tinha o bastante, mas de repente tinha demais".[7]

Para essas crianças era possível passar diretamente de "não bastante" para "demais", sem passar por "exatamente o mesmo número". Outras diziam que era impossível comparar as duas quantidades porque A era uma pilha e B uma linha. Outras ainda falavam sobre a necessidade de contar os blocos. Esta resposta era um tanto sofisticada, mas disfarçava a ausência de certeza lógica. Ao perguntar à criança se contar era a única possibilidade de conseguir o mesmo número, Morf descobriu que frequentemente mencionavam este procedimento prático porque não podiam elaborar uma dedução lógica. Para as crianças que haviam construído a estrutura lógico-matemática de número, a resposta era tão óbvia que contar era supérfluo.

A tarefa tornou-se ligeiramente mais difícil quando se passou a usar um grande número de continhas de vidro de 3 mm de diâmetro. Morf apresentou à criança um frasco contendo de 50 a 70 contas. Então, de dentro de um pedaço de papel dobrado, como se vê no Quadro 6(b), ele deixava cair uma conta de cada vez em outro frasco. Só a partir dos sete anos e meio a oito anos se torna óbvio para as crianças que deve haver um momento em que as duas quantidades são exatamente iguais.

A criança se torna capaz de deduzir a necessidade lógica de passar pelo "mesmo número", na tarefa acima, quando ela constrói a estrutura lógico-matemática de número que lhe permite realizar esta dedução. Se ela construir a estrutura lógico-matemática de maneira sólida, tornar-se-á capaz de raciocinar logicamente numa ampla variedade de tarefas mais difíceis do que a da conservação. Contudo, se ela for ensinada a dar meramente respostas corretas à tarefa de

---

7. Isto era exatamente o que a situação significava *para a criança*. Quando ela ainda não tem a estrutura lógico-matemática em sua cabeça, usa o melhor meio que tem – seus olhos. Com seus olhos, a criança observa que subitamente B tinha mais do que A. As crianças que já construíram a estrutura do número em sua cabeça observam alguma coisa a mais porque podem interpretar a informação sensorial numericamente, com a operação repetida de "+ 1".

conservação, não se pode esperar que prossiga em direção a raciocínios matemáticos de nível mais alto.

Finalmente, a construção do número acontece gradualmente por "partes", ao invés de tudo de uma vez. A primeira parte vai até aproximadamente 7, a segunda até 8-15, e a terceira até 15-30 (Piaget e Szeminska 1941, Prefácio à 3ª edição). No entanto, mesmo estando apta a conservar com 8 objetos, isso não significa que a criança possa necessariamente conservar quando se usam 30. O princípio de ensino que pode ser concebido na base desta estruturação progressiva é o de que, para a construção dos grandes números, é importante facilitar o desenvolvimento dos mesmos processos cognitivos que resultam na construção dos pequenos números. Se as crianças constroem os pequenos números elementares ao colocarem todos os tipos de coisas em todos os tipos de relações, elas devem persistir ativamente na mesma espécie de pensamento para completar a estruturação do resto da série.

Em conclusão, a estrutura lógico-matemática de número não pode ser ensinada diretamente, uma vez que a criança tem que construí-la por si mesma.

Contudo, não sugiro a implicação pedagógica de que a única coisa que o professor pode fazer é sentar e esperar.

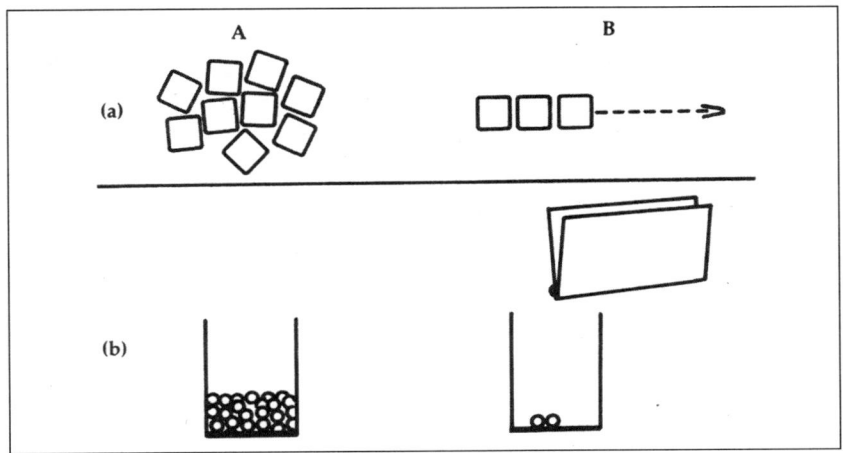

Quadro 6. Materiais usados na tarefa de conexidade.

Há certas coisas que um professor pode fazer para encorajar a criança a pensar ativamente (a colocar coisas em relações), estimulando, desta forma, o desenvolvimento desta estrutura mental. Elas serão discutidas nos dois próximos capítulos como objetivos e princípios de ensino da teoria de Piaget.

Fotografia 2. *Pega-Varetas* – As crianças estão brincando de Pega-Varetas com pauzinhos.* Cada jogador começa sua vez pegando todas as varetas na mão e deixando-as cair de tal maneira que se espalhem todas pelo chão. Ele tenta então pegar tantas quantas puder. Uma de cada vez, sem fazer nenhuma outra vareta se mover. Se ele mover alguma passa a vez para outra pessoa. O vencedor é o jogador que pegar mais varetas.
As crianças pequenas modificam as regras do jogo de maneiras excelentes quando o professor facilita o desenvolvimento de sua autonomia. Por exemplo, uma professora deixou a sala para fazer uma chamada telefônica. Quando voltou, descobriu que cada vez consistia numa única tentativa de pegar uma vareta. Se o jogador fizesse com que a vareta se movesse, deveria devolver aquela que havia tentado pegar no chão. Esta modificação fez com que fosse possível que todos os jogadores pudessem estar muito mais ativos do que na versão original do jogo.
Neste jogo as crianças pensam não só numericamente, mas também espacialmente. Uma tentativa de tornar as relações espaciais mais complexas é a de pegar as varetas com uma vareta, em vez de com os dedos.

* Pauzinhos chineses ou japoneses usados como talheres. (N.T.)

# 2
# OBJETIVOS PARA "ENSINAR" NÚMERO[1]

É um erro querer extrair explicações pedagógicas dos temas tratados anteriormente retirando-os do contexto global da teoria de Piaget. Num livro sobre educação, Piaget (1948, Cap. IV) declarou que a finalidade da educação deve ser a de desenvolver a autonomia da criança, que é, indissociavelmente, social, moral e intelectual. A aritmética, assim como qualquer outra matéria, deve ser ensinada no contexto desse objetivo amplo.

A autonomia significa o ato de ser governado por si mesmo. É o contrário de heteronomia, que significa ser governado por outra pessoa. Um exemplo extremo de autonomia intelectual é o de Copérnico, que inventou a teoria heliocêntrica e publicou-a em 1543, quando todos os demais acreditavam que o Sol girasse em torno da Terra. Chegou a ser objeto de escárnio dos cientistas da época, mas foi suficientemente autônomo para afirmar a verdade da maneira como a via. Um exemplo mais comum de autonomia intelectual é o de minha sobrinha que acreditava em Papai Noel. Quando tinha

---

1. "Ensinar" está entre aspas porque o número não é ensinado diretamente.

aproximadamente seis anos surpreendeu sua mãe ao perguntar-lhe: – "Como é que o Papai Noel usa o mesmo papel de presente que o nosso?". Sua mãe deu-lhe uma "explicação" que a satisfez por uns poucos minutos, porém logo em seguida voltou a perguntar: – "Mas como é que Papai Noel tem a mesma letra do meu pai?". Este é um exemplo de autonomia intelectual. A criança guiou-se por ela mesma, apesar da pressão materna para que acreditasse em Papai Noel.

Algumas crianças da primeira série do 1º grau acreditam honestamente que 5+5=10, mas outras apenas recitam estes números porque alguém lhes disse para fazer assim. A autonomia como finalidade da educação requer que as crianças não sejam levadas a dizer coisas nas quais não acreditem com sinceridade.

O Quadro 7 mostra a relação entre a autonomia como finalidade da educação e o êxito na escola. As escolas ensinam, tradicionalmente, a obediência e as respostas "corretas". Assim, sem perceber, elas evitam o desenvolvimento da autonomia das crianças reforçando sua heteronomia. A heteronomia é reforçada por recompensa ou sanção. A maneira de manter crianças (e adultos) sob nosso controle e desenvolvida através do uso dessas sanções, e as escolas utilizam intensamente as notas, a aprovação dos professores, as estrelas de ouro, os prêmios de boa conduta, a sala de castigo e méritos e deméritos para conseguir que as crianças sejam "boas".

No Quadro 7 a parte que fica à direita do círculo representando "sucesso na escola", e que não se sobrepõe ao outro círculo, refere-se a tudo que memorizamos só para passarmos nos exames, uns após os outros. Controlados pelas notas, memorizamos palavras sem entendê-las ou sem nos importarmos com elas.

A outra parte do círculo, que representa a autonomia e que não se sobrepõe ao "sucesso na escola", inclui a habilidade de pensar autônoma e criticamente. Pesquisas feitas por McKinnon e Renner (1971) e por Schwebel (1975) mostram que os estudantes das primeiras séries dos cursos universitários de graduação não estão preparados para ser críticos, intelectualmente autônomos e capazes de pensar de maneira bastante lógica. Os universitários estudados eram a "nata" do grupo que tinha tido êxito suficiente na escola para conseguir entrar na universidade. Contudo, segundo McKinnon e Renner, a porcentagem de alunos capazes de aprender um sólido pensamento lógico no nível formal[2] era de 25%. A porcentagem encontrada por Schwebel foi de apenas 20%.

Depois de apresentar seus resultados, McKinnon e Renner questionaram o tipo de educação que esses estudantes universitários receberam na escola secundária. Prosseguem afirmando que as escolas secundárias não ensinam os estudantes a pensar logicamente e que se os professores destas escolas não enfatizam o pensamento lógico, devemos indagar sobre quem os treinou. A resposta é: foram os professores universitários. Ou seja, as escolas desvalorizam o pensamento crítico e autônomo do começo ao fim.

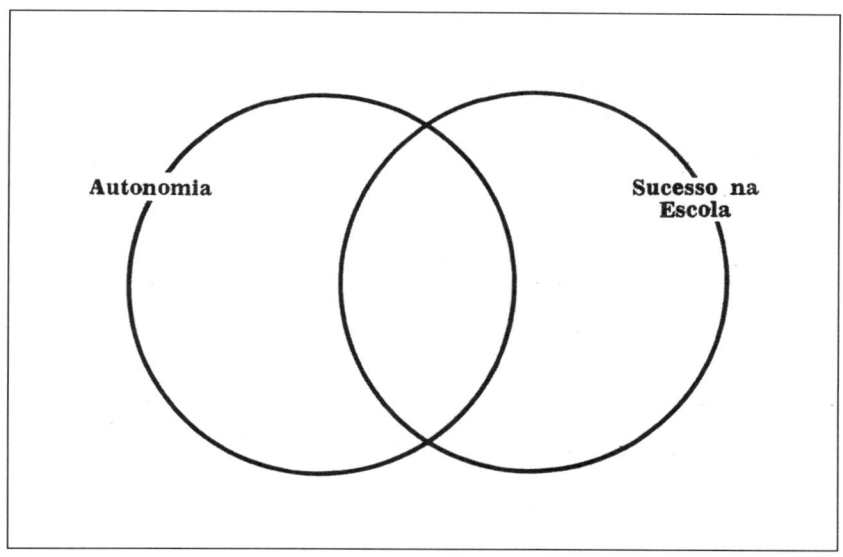

Quadro 7. A relação entre a autonomia como finalidade da educação e sucesso na escola.

---

2. As operações formais referem-se ao nível mais elevado de raciocínio lógico na teoria de Piaget, o qual não aparece antes da adolescência. Para mais informações, ver Inhelder e Piaget (1955) e Piaget (1972).

No Quadro 7 a interseção entre os dois círculos representa as coisas que aprendemos na escola e que foram úteis para o desenvolvimento da nossa autonomia. A habilidade de ler e escrever, de fazer aritmética, de ler mapas e tabelas ou gráficos, e de situar eventos históricos são exemplos de coisas que aprendemos na escola e que foram úteis à nossa adaptação ao meio ambiente. *Quando a autonomia se transformar na meta da educação, os educadores tentarão aumentar a área de interseção entre os dois círculos.*

A autonomia é indissociavelmente social, moral e intelectual. Um exemplo de autonomia no âmbito social-moral é o de Elliott Richardson, a única pessoa do gabinete do governo Nixon que, durante o processo de Watergate, negou-se a mentir e entregou seu pedido de renúncia. Outras pessoas da equipe de Nixon deram o exemplo da moral da heteronomia, ou obediência. Quando lhes disseram que mentissem, obedeceram a seus superiores e foram governados pelo sistema de recompensa. Essas pessoas eram heterônomas não só moralmente, mas também intelectualmente. Um pouquinho de pensamento autônomo lhes serviria para que pudessem ver como foi estúpido pensar que tais mentiras passariam desapercebidas.

Um exemplo mais comum da indissociabilidade da autonomia social, moral e intelectual pode ser encontrado adiante quando discutirmos o primeiro princípio de ensino, no caso do menino de uma classe de pré-primário que deixou cair no chão um prato cheio de salada. Uma vez que apresento um apêndice sobre "A autonomia como finalidade da educação", não prolongarei esta discussão. Gostaria de enfatizar, contudo, que a teoria de Piaget não implica somente a criação de outra maneira de ensinar aritmética. Ela implica metas que são fundamentalmente diferentes, como se vê no Quadro 7. Existe uma enorme diferença quando a aritmética, ou qualquer outra matéria, é ensinada num contexto onde se tenta desenvolver a autonomia das crianças.

Concebo a construção do número como o principal objetivo para a aritmética das crianças escolarizadas de 4 a 6 anos, dentro do contexto da autonomia como finalidade ampla da educação. O restante deste livro dá muitas sugestões sobre a quantificação de objetos e é importante esclarecer sobre a diferença entre a construção do número e quantificação de objetos. A primeira (a estrutura mental apresentada no Quadro 5(b), p. 23) existe (ou existirá) na cabeça da criança, não sendo, portanto, observável. A quantificação de objetos, por sua vez, é parcialmente observável. Quando Andréa tenta pegar xícaras suficientes para todos os de sua mesa, ela trabalha com a quantificação de objetos.

Uma parte da quantificação é observável através de seu comportamento, mas o pensamento que se desenvolve em sua cabeça não.

Por que é que sugiro que a criança quantifique objetos na escola? Esta sugestão baseia-se na hipótese de que o pensamento envolvido na tentativa da criança de quantificar objetos deve ajudá-la a construir o número, se ela já estiver num estágio relativamente elevado para fazê-lo. A inteligência desenvolve-se pelo uso. Por exemplo, se uma criança mais velha não souber contar dinheiro, esta não será, necessariamente, uma razão para deixar de mandá-la comprar o pão. O fato de ter que comprar alguma coisa geralmente é a melhor maneira para a criança aprender a contar dinheiro. Da mesma forma, é falando que a criança aprende a falar. Embora a estrutura mental seja aquilo que habilita a criança a quantificar objetos, levanto a hipótese de que o pensamento envolvido na quantificação de objetos deve também ajudar a criança a construir a estrutura mental, se ela já estiver num nível relativamente avançado para construí-la.

Ao advogar a quantificação de objetos pela criança, peço que os professores se lembrem de que o objetivo real não deve ser o de observar o comportamento de quantificar acertadamente. O foco do professor deve estar localizado no pensamento que se desenvolve na cabeça da criança, quando ela tenta conseguir um número de xícaras suficiente para todos, ou dois gomos de laranja para cada um em sua mesa. É através do pensamento que a criança constrói as estruturas mentais vistas no Quadro 5(b).

Resultados de pesquisas sobre diferenças interculturais e socioeconômicas, assim como sobre distinções urbano-rurais, também sugerem o que os professores podem fazer, de formas indiretas, para facilitar a construção do número pela criança. As pesquisas mostram que o meio ambiente pode agilizar ou retardar o desenvolvimento lógico-matemático. As crianças de culturas mais industrializadas geralmente desenvolvem-se mais rapidamente do que as de culturas menos industrializadas. Dentro de um mesmo país, as crianças de nível socioeconômico médio-alto desenvolvem-se mais rapidamente que as de baixa renda, e as que vivem na cidade, mais rápido do que as que vivem nas zonas rurais (Adjei 1977; Al-Fakhri 1973, 1977; Al-Shaikh 1974; Almy 1966, 1970; Bovet 1974; Dasen 1972; De Lacey 1970; De Lemos 1969; Hyde 1970; Larendeau-Bendavid 1977; Mohseni 1966; Opper 1977; Piaget 1966; Safar 1974).

As pesquisas acima demonstram também que vários aspectos do pensamento lógico-matemático se desenvolvem juntos. Por exemplo, os grupos de crianças que conservam o número mais cedo também conservam outras quantidades e fazem inclusão de classe mais cedo. Portanto as crianças não constroem o número isoladamente, à parte do resto de seu conhecimento lógico-matemático.

Uma vez que o conhecimento lógico-matemático é construído pelo fato de as crianças colocarem as coisas em relação, não é surpreendente que aquelas que põem objetos numa espécie de relação também o façam em muitos outros tipos de relações.

Ainda é um mistério o como *precisamente* a criança constrói o número, assim como também o é o processo de aprendizagem da linguagem. Contudo, existe bastante evidência teórica e empírica de que as raízes do número têm uma natureza muito geral. Dado que a noção de número só pode emergir a partir da atividade de colocar todos os tipos de coisas em todos os tipos de relações, daí decorre que o primeiro princípio de ensino é o de atribuir importância ao fato de encorajar as crianças a estarem alertas e colocarem todas as espécies de objetos, eventos e ações em todos os tipos de relações (ver Capítulo 3).

## A representação dos conceitos de número

A criança que já construiu o conhecimento lógico-matemático de *sete* ou *oito* é capaz de representar esta ideia ou com símbolos ou com signos. Na teoria de Piaget os símbolos diferem dos signos no sentido de que os símbolos mantêm uma semelhança figurativa com os objetos representados e são criados pelas crianças. Um exemplo de símbolo é "o o o o o o o o" ou "/ / / / / / / /". Exemplos de signos são a palavra falada "oito" ou o numeral escrito "8". Ao contrário dos símbolos, os signos são criados por convenção e não mantêm nenhuma semelhança com os objetos que representam.

O leitor pode identificar os signos como pertencentes ao conhecimento social.

A representação com signos é superenfatizada na educação inicial e eu prefiro colocá-la em segundo plano. Muito frequentemente os professores ensinam as crianças a contar, ler e escrever numerais, acreditando que assim estão ensinando conceitos numéricos. É bom para a criança aprender a contar, ler e escrever numerais, mas é muito mais importante que ela construa a estrutura mental de número. Se a criança tiver construído esta estrutura, terá maior facilidade em assimilar os signos a ela. Se não a construiu, toda a contagem, leitura e escrita de numerais serão feitas apenas de memória (decorando).

Embora eu não prefira dar ênfase ao ensino de signos, também acho bom ensiná-los se as crianças estiverem genuinamente interessadas em aprendê-los. Para o ato de ler, deve haver coisas a serem lidas no meio ambiente para que a criança venha a interessar-se pela leitura. Quando se torna interessada na leitura, qualquer que seja sua idade, é melhor satisfazer sua curiosidade e o orgulho de adquirir um novo conhecimento. Da mesma forma, contar é uma alegria para a maioria das crianças escolarizadas de 4 a 6 anos, e se as crianças querem aprender a contar não há porque lhes recusar este conhecimento. Contudo, o professor deve conhecer a diferença entre contar de memória e contar com significado numérico. Este último só pode ser proveniente da estrutura lógico-matemática construída pela criança em sua cabeça. Todos os signos falados e escritos no mundo representam apenas um conhecimento superficial. Embora devam existir números falados e escritos no meio ambiente para que a criança possa interessar-se por eles, compreendê-los só pode ser decorrência da estrutura mental que ela constrói a partir de seu interior.[3]

Em conclusão, o objetivo para "ensinar" o número é o da construção que a criança faz da estrutura mental de número. Uma vez que esta não pode ser ensinada diretamente, o professor deve priorizar o ato de encorajar a criança a pensar ativa e autonomamente em todos os tipos de situações. Uma criança que pensa ativamente, à sua maneira, incluindo quantidades, inevitavelmente constrói o número. A tarefa do professor é a de encorajar o pensamento espontâneo da criança, o que é muito difícil, porque a maioria de nós foi treinada para obter das crianças a produção de respostas "certas". Alguns dos princípios de ensino para que a criança atinja essa finalidade serão discutidos no Capítulo 3.

---

3. F. Siegrist, A. Sinclair e H. Sinclair estão desenvolvendo uma pesquisa em Genebra sobre as ideias que as crianças têm sobre os numerais entre a idade de quatro e seis anos, antes da primeira série do 1º grau. Os numerais estão em todas as partes do meio ambiente – nas casas, ônibus, latas e caixas, etiquetas de preço, uniformes dos jogadores de futebol, placas de automóveis etc.

# 3
# PRINCÍPIOS DE ENSINO

Neste capítulo discorrerei sobre o "ensino de número", embora este não seja diretamente ensinável. O termo "ensinar" é uma forma abreviada que se refere ao ensino *"indireto"*, uma vez que, como foi dito anteriormente, o meio ambiente pode proporcionar muitas coisas que, indiretamente, facilitam o desenvolvimento do conhecimento lógico-matemático. O ensino indireto pode variar do ato de encorajar as crianças a colocar todos os tipos de coisas em todas as espécies de relações, até pedir-lhes que peguem tantos pratos quantas são as pessoas em suas mesas.

Seis princípios de ensino são apresentados sob três títulos que representam diferentes perspectivas. Abaixo do primeiro título apresento o princípio que já foi discutido acima: encorajar a criança a colocar todos os tipos de coisas em todas as espécies de relações. A segunda perspectiva focaliza mais especificamente a quantificação de objetos. A terceira relaciona-se com a interação social da criança com seus colegas e professores.

1. A criação de todos os tipos de relações:
   Encorajar a criança a estar alerta e colocar todos os tipos de objetos, eventos e ações em todas as espécies de relações.
2. A quantificação de objetos:
   a. Encorajar as crianças a pensarem sobre número e quantidades de objetos quando estes sejam significativos para elas.
   b. Encorajar a criança a quantificar objetos logicamente e a comparar conjuntos (em vez de encorajá-las a contar).
   c. Encorajar a criança a fazer conjuntos com objetos móveis.
3. Interação social com os colegas e os professores:
   a. Encorajar a criança a trocar ideias com seus colegas.
   b. Imaginar como é que a criança está pensando e intervir de acordo com aquilo que parece estar sucedendo em sua cabeça.

*1. Encorajar a criança a estar alerta e colocar todos os tipos de objetos, eventos e ações em todas as espécies de relações*

Quando um educador torna-se consciente da teoria do número de Piaget, sua primeira tendência é a de pensar sobre suas implicações pedagógicas dentro do âmbito do número. Eu também comecei pensando desta forma e a obra *Piaget, crianças e número* (Kamii e DeVries 1976) reflete esta visão limitada. A importância de criar e coordenar todas as espécies de relações ficou clara quando, pessoalmente, reconstruí a teoria de Piaget como um todo.

Suas pesquisas sobre espaço (Piaget e Inhelder 1948; Piaget, Inhelder e Szeminska 1948), tempo (Piaget 1946), causalidade (Piaget e Garcia 1971), quantidades físicas (Piaget e Inhelder 1941), número (Piaget e Szeminska 1941), lógica (Inhelder e Piaget 1955, 1959), imagens mentais (Piaget e Inhelder 1966), desenvolvimento moral (Piaget 1932), animismo e artificialismo (Piaget 1926) etc. pareciam-me, a princípio, tratar de cada campo independentemente dos outros.

Muitos anos depois compreendi que, na verdade, as operações concretas desenvolvem-se em muitas áreas simultaneamente, e que Piaget e seus colaboradores publicaram um livro após o outro sobre diferentes assuntos, só que não puderam estudá-los todos ao mesmo tempo. Quando finalmente compreendi a indissociabilidade desse desenvolvimento, ficou claro que o objetivo mais importante para os educadores seria o de colocar todos os tipos de objetos, eventos e ações em todas as espécies de relações.

O exemplo seguinte ilustra a construção simultânea de muitas espécies de relações na vida real. Quando visitei uma sala de pré-primário na hora do almoço, um menino de seis anos subitamente virou-se em sua cadeira e acidentalmente derrubou com seu cotovelo um prato cheio de salada no chão. Perguntei-lhe se queria que eu o ajudasse. Respondeu-me resolutamente: "Não". Levantou-se para procurar alguma coisa e voltou com um enorme esfregão. Quando ele ia começar a esfregar, eu lhe disse que não parecia uma boa ideia porque o molho da salada sujaria o esfregão e o inutilizaria.

Disse-lhe ainda que toalhas de papel ou guardanapos poderiam servir melhor e ofereci-me para ajudá-lo. Ele disse: "Não, quero fazer sozinho". Pegou uma generosa quantidade de guardanapos de papel e cuidadosamente limpou a sujeira fazendo uma bola após a outra com cada guardanapo. Enfileirou-as sobre a mesa à medida que as fazia, foi buscar a cesta de lixo, meticulosamente, jogou-as aí, contando-as (cinco bolas).

Muitas espécies de relações estiveram envolvidas nesta situação e muita aprendizagem aconteceu. As relações interpessoais e o julgamento moral estiveram, obviamente, presentes e fiquei profundamente impressionada com a autonomia deste menino de seis anos. (A professora que facilitou esta autonomia merece reconhecimento.) Em primeiro lugar, essa experiência fez a criança colocar seu corpo em relação espacial com os objetos que estavam sobre a mesa e que podiam ser jogados no chão. Obviamente a criança não tinha ideia de que o molho da salada estragaria o esfregão (ou de que este necessitaria ser lavado). Ela pode ter aprendido que um certo tipo de objeto (papel absorvente) é melhor para limpar um certo tipo de sujeira (conhecimento físico e social). A quantificação também estava envolvida quando ela contou cinco bolas de papel e teve que guardar o resto dos guardanapos.

Portanto, a criança que pensa ativamente na vida diária pensa sobre muitas coisas simultaneamente. Uma criança passiva e heterônoma poderia continuar sentada lá, comendo o que houvesse sobrado. Observe que a criança desenvolveu todos os tipos de pensamentos por si mesma. As relações são criadas pelas crianças a partir de seu interior e não lhes são ensinadas por outrem. No entanto, o professor tem um papel crucial na criação de um ambiente material e social que encoraje a autonomia e o pensamento. Essa criança obviamente queria limpar a sujeira por si mesma e pensou em muitas coisas porque possuía uma finalidade própria.

São raros os professores capazes de promover o desenvolvimento deste tipo de autonomia em crianças pequenas.

O leitor deve estar lembrado da anedota que contei antes sobre minha sobrinha e Papai Noel. Essa mente ativa não só colocou papel de presente e letra (caligrafia) em relação com Papai Noel, mas também o número de presentes que ela e seu irmão receberam. Ela contou seus presentes muitas vezes a cada dia e disse, por exemplo, que ontem ela só tinha seis, mas hoje tinha oito porque alguém havia lhe dado mais dois. Também contou os presentes de seu irmão e anunciou que o número era o mesmo que o dela, a cada vez que o fazia.

Observe que não disseram à criança para colocar papel de presente ou quantidades em relações. Mas ela fez inferências inesperadas quando percebeu que dois presentes embrulhados em papel igual vieram de uma pessoa, e seis outros com papéis diferentes eram provenientes de seis pessoas distintas. Gostaria de chamar a atenção sobre a atmosfera geral do ambiente. Se os adultos criam uma atmosfera que indiretamente encoraja o pensamento, as crianças surgirão com uma quantidade de relações que nos surpreendem.[1]

---

1. A maioria de nós pode pensar em exemplos como o seguinte: Ao observar pela primeira vez uma pessoa rezar antes do jantar, uma criança perguntou: – "Por que o vovô lê seu prato?".

As situações de conflito podem encorajar a criança a colocar as coisas em relações. Uma tarde numa creche, uma criança reclamou que a professora não estava cumprindo a promessa de deixá-la sair depois do repouso. Havia começado a chover inesperadamente depois que as crianças adormeceram, e elas sabiam que nunca podiam ir lá fora quando chovia. A criança queixava-se porque colocava apenas dois eventos em relação, isto é, a promessa original e a proibição posterior (que não se equivaliam). Uma promessa feita sob certas circunstâncias pode não ser mantida algumas vezes, quando as condições mudam. "Depois do repouso" e "quando chove" são dois conjuntos de circunstâncias sobrepondo-se, em parte, e que devem ser coordenadas com a promessa feita anteriormente.

Tais interseções podem ser observadas a todo momento na vida cotidiana. O julgamento moral e o pensamento lógico desenvolvem-se juntamente quando as crianças são encorajadas a discutir a desejabilidade ou justificabilidade de uma decisão.

As negociações em situações de conflito são particularmente boas para colocar as coisas em relação e desenvolver a mobilidade e a coerência do pensamento. Para negociar situações aceitáveis, a criança precisa descentrar e imaginar como é que a outra pessoa está pensando. Uma criança educada numa família autoritária tem muito menos oportunidades de desenvolver sua habilidade de raciocinar logicamente. Tal criança é forçada a obedecer em vez de ser encorajada a inventar argumentos que façam sentido e sejam convincentes.

Quando duas crianças brigam por causa de um brinquedo, por exemplo, a intervenção da professora pode promover ou impedir o pensamento da criança. Se ela disser: "Tomarei isso de vocês dois porque estão brigando", o problema é resolvido rapidamente, mas o pensamento da criança não é encorajado. A professora pode dizer de forma alternativa: – "Tenho uma ideia. O que lhes parece se eu guardar o brinquedo na prateleira até vocês decidirem o que vão fazer? Quando decidirem digam-me, e eu o devolverei a vocês". Portanto as crianças que são encorajadas a tomar decisões são encorajadas a pensar. Elas podem resolver que nenhuma deve ficar com o brinquedo e, neste caso, a solução seria a mesma já imposta pela professora. Contudo, do ponto de vista do desenvolvimento da autonomia da criança, faz uma enorme diferença se ela for encorajada a tomar decisões por si mesma. Essa autonomia é indissociavelmente social, moral e intelectual. Uma solução alternativa seria a de que uma criança usasse o brinquedo primeiro e a outra o fizesse depois. Os "conceitos matemáticos" tradicionais como primeiro-segundo, antes-depois, e a correspondência um a um são partes das relações que as crianças criam na vida cotidiana quando são encorajadas a pensar.

Analisemos em seguida três princípios de ensino que envolvem mais especificamente a quantificação de objetos.

*2(a). Encorajar a criança a pensar sobre número e quantidades de objetos quando estes sejam significativos para ela*

Se a autonomia é a finalidade da educação e a criança deve ser mentalmente ativa para construir o número, ela deve ser encorajada a agir de acordo com sua escolha e convicção em vez de agir com docilidade e obediência. Portanto, não advogo a determinação de um horário diário para a quantificação de objetos. Em vez de fazer matemática porque a professora diz que é hora da aula de matemática, as crianças deveriam ser encorajadas a pensar sobre quantidades quando sentirem necessidade e interesse. Quase todas as crianças entre quatro e seis anos de idade parecem interessar-se por contar objetos e comparar quantidades. Como se viu no primeiro princípio de ensino, elas contam espontaneamente as bolas de papel que fazem, os presentes que recebem, as velas num bolo. Discutem também sobre quem tem mais blocos. Quando as observamos no boliche ou no jogo de bolas de gude, assim como nos dados ou jogos de baralho que requerem contagem e/ou adição, ficamos convencidos de que o pensamento numérico pode desenvolver-se naturalmente sem nenhum tipo de lições artificiais.

2(b). *Encorajar a criança a quantificar objetos logicamente e a comparar conjuntos (em vez de encorajá-la a contar)*

Quando uma professora pede a uma criança para trazer xícaras para todos à mesa, ela pode dizer: – "Você pode trazer seis xícaras" ou: – "Você poderia trazer xícaras que deem para todos". A última forma é um exemplo de linguagem que envolve quantificação lógica. Essa forma é preferível porque permite à criança escolher a maneira que lhe parece melhor de completar a tarefa. Quando pedimos à criança para trazer seis xícaras, dizemo-lhe exatamente o que fazer sem pensar. Vejamos um exemplo citado por Gréco (1962, p. 46), que durante longo tempo foi assistente de pesquisa de Piaget, e que ilustra a importância de deixar a criança escolher o melhor caminho para ela.

Uma senhora, mãe de uma criança de 5 anos, pediu-lhe que colocasse um guardanapo sobre o prato de cada pessoa, na hora da principal refeição do dia. Havia, regularmente, quatro pessoas à mesa. João-Pedro sabia contar até 30 ou mais. Contudo, foi até o armário da cozinha pegar o primeiro guardanapo e colocá-lo no prato, voltou para pegar o segundo e colocou-o no prato seguinte, e assim por diante fazendo um total de quatro viagens. Aos 5 anos, 3 meses e 16 dias ele pensou, espontaneamente, em contar os pratos, contou os quatro guardanapos a serem retirados do armário e distribui-os sobre a mesa. Ele continuou dessa forma durante seis dias.

No sétimo dia havia um hóspede e um prato a mais do que o comum. João-Pedro pegou seus quatro guardanapos, como sempre, distribui-os e percebeu que um prato ficou sem. Em vez de pegar um guardanapo adicional recolheu os quatro que já estavam sobre os pratos e colocou-os de volta no armário. Então começou tudo outra vez e fez cinco viagens para completar a tarefa.

No dia seguinte, o hóspede já não estava mais lá, porém João-Pedro continuou com suas quatro viagens por mais cinco dias, até que redescobriu a contagem. Depois de usar este método por mais dez dias, comunicaram a João-Pedro que chegara outro hóspede. Ele distribuiu seus quatro guardanapos como usualmente, mas dessa vez simplesmente pegou mais um no armário, quando observou que ainda havia um prato sem. No dia seguinte, com quatro pessoas outra vez, ele apenas contou o número de pratos antes de pegar os guardanapos. A chegada de um novo hóspede nunca mais o perturbou depois daquilo.

No exemplo acima, vemos a diferença entre contagem mecânica e *contagem escolhida pela criança* para resolver um problema real.

Saber contar é uma coisa, mas saber o que fazer diante de um prato extra é bem outra coisa. Se João-Pedro fosse informado sobre o número de pratos e guardanapos, aprenderia a depender dos outros para saber o que fazer. Uma vez que não possuía instrução precisa, teve a oportunidade de desenvolver sua autonomia intelectual e sua autoconfiança.

Dizer que a criança deve construir seu próprio conhecimento não implica que o professor fique sentado, omita-se e deixe a criança inteiramente só. Como a mãe de João-Pedro, o professor pode criar um ambiente no qual a criança tenha um papel importante e a possibilidade de decidir por si mesma como desempenhar a responsabilidade que aceitou livremente.

A seguir há exemplos de outras expressões como "apenas o suficiente" que requerem a comparação de conjuntos:

- Você recebeu *tantas* cartas quanto eu? (ou o *mesmo número* ou a *mesma quantidade?*)
- Nós temos xícaras *demais?*
- Nós jogamos (A Dança das Cadeiras) com *mais* cadeiras, *menos* ou o *mesmo número?*
- Robertinho tem *menos* do que você. Você gostaria de tomar alguma providência sobre isso?
- Quem tem *mais?*

Uma vez mais, o professor deve ser cuidadoso para não insistir que a criança dê resposta correta a todo custo. Estas perguntas devem ser feitas casualmente para encorajar as crianças a pensar numericamente se isso lhes interessar. Num jogo de baralho, por exemplo, se a professora perguntar se todo mundo tem o mesmo número de cartas e as crianças reagirem com indiferença, a pergunta deve ser abandonada. A imposição de ideias adultas em tais situações é tão injustificável quanto a imposição de lições. A contagem não é irrelevante. De fato é essencial que a criança aprenda a contar, pois necessitará disso para prosseguir até a adição. No entanto, as pesquisas demonstram que a habilidade de dizer palavras numéricas é uma coisa e o uso da aptidão é bem outra coisa.

Sintetizarei alguns resultados de pesquisas para mostrar por que é importante que os professores enfatizem o pensamento lógico-matemático em vez da contagem.

O primeiro conjunto de estudos realizados por Gréco (1962) e Meljac (1979) mostra que a criança de menos de sete anos que já sabe

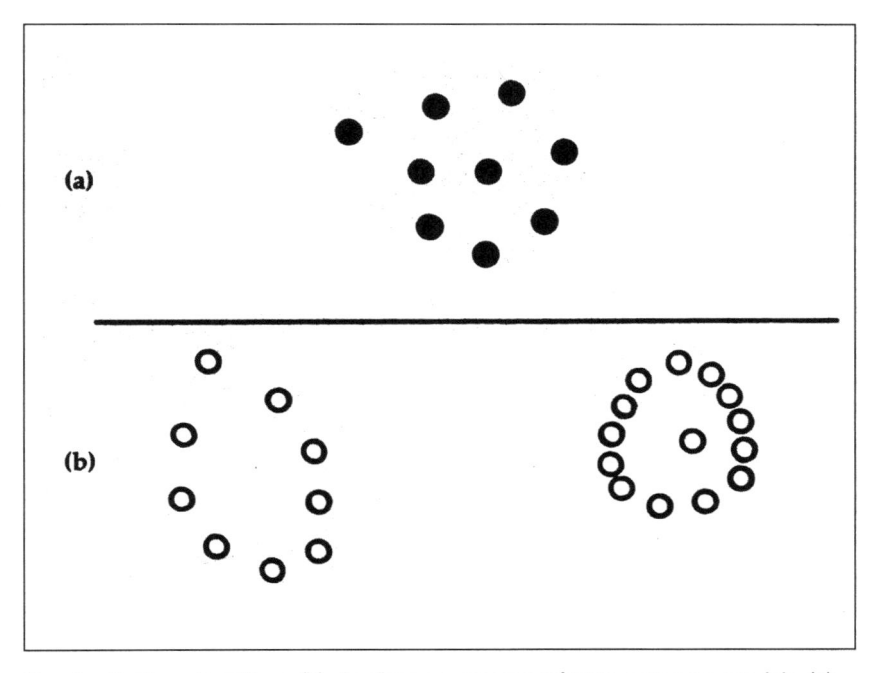

Quadro 8. Duas tentativas (b) de dispor o mesmo número como no modelo (a).

contar não opta pelo uso dessa aptidão quando lhe pedem que apresente a mesma quantidade que a do pesquisador.

O segundo estudo, também realizado por Meljac, mostra que as crianças não usam a contagem como um instrumento, elas têm boas razões para fazerem isso. A contagem não se torna um instrumento perfeitamente confiável para as crianças menores até que atinjam a idade de seis anos.

Gréco mostrou nove fichas arrumadas como se vê no Quadro 8(a) e pediu às crianças que apresentassem o mesmo número. As crianças variavam entre a idade de quatro a oito anos. Todas sabiam contar, algumas até 10 e outras até mais de 30. Como pode ser visto na Tabela 2, ele encontrou quatro níveis, o último dos quais envolvia contagem e era atingido ao redor da idade de sete anos.

Tabela 2. Relação entre a idade e o nível na prova de quantificação relatada por Gréco (1962).

| Grupo de idade | Número de crianças | Nível | | | |
|---|---|---|---|---|---|
| | | 0 | I | II | III |
| 4;6-5 | 10 | 6 | 4 | | |
| 5-5;6 | 10 | | 8 | 2 | |
| 5;6-6 | 10 | 1 | 2 | 4 | 3(30%) |
| 6-6;6 | 15 | | 2 | 9 | 4(26%) |
| 6;6-7 | 10 | | 4 | 4 | 2(20%) |
| 7-7;6 | 10 | | | 1 | 9(90%) |
| 7;6-8 | 10 | | | 4 | 6(60%) |
| 8-8;6 | 10 | | | | 10(100%) |
| Total | 85 | 7 | 21 | 23 | 34 |

Os quatro níveis são:

Nível 0: Inabilidade de atender até mesmo ao pedido do adulto.

Nível I: Estimativa visual ou cópia grosseira da configuração espacial.

Em torno dos cinco anos e meio de idade, dois comportamentos são típicos: a estimativa perceptual grosseira de um punhado que tenha aproximadamente a mesma quantidade e uma cópia figural imperfeita como as que são mostradas no Quadro 8(b).

Nível II: Correspondência um a um metódica.

No nível I, as crianças raramente olham o modelo enquanto arrumam as fichas. No Nível II, olham intermitentemente para o modelo e copiam, chegando ao ponto de usar os dedos para apontar os elementos correspondentes de cada vez.

Nível III: Contagem.

A criança conta o número no modelo e então o reproduz. Este estudo confirma a observação feita sobre João-Pedro.

As crianças podem saber como recitar números numa sequência correta, mas não escolhem necessariamente usar esta aptidão como uma ferramenta confiável. Quando a criança constrói a estrutura mental do número e assimila as palavras a esta estrutura, a contagem torna-se um instrumento confiável. No entanto, antes dos sete anos de idade, a correspondência um a um, a cópia da configuração espacial ou mesmo estimativas imperfeitas representam para a criança procedimentos mais viáveis. Na réplica deste estudo Meljac descobriu, essencialmente, os mesmos resultados que podem ser vistos na Tabela 3.

Tabela 3. Relação entre a idade e o nível na prova de quantificação relatada por Megac (1979).

| Grupo de idade | Número de crianças | Nível | | | |
|---|---|---|---|---|---|
| | | 0 | I | II | III |
| 4-4;6 | 20 | 3 | 13 | - 4 | |
| 5-5;6 | 22 | 4 | 8 | 4 | 6(27%) |
| 6-6;6 | 32 | 2 | 5 | 10 | 15(47%) |
| 7 anos | 11 | | | 5 | 6(55%) |
| Total | 85 | 9 | 26 | 23 | 27 |

O segundo estudo de Meljac mostra que as crianças pequenas não escolhem contar, elas têm boas razões para isso. Ela pediu especificadamente que as crianças contassem nove círculos colados num cartão e descobriu que, apenas aos seis anos, elas os contavam perfeitamente, como se vê na Tabela 4. Antes desta idade as palavras às vezes fluíam mais rapidamente do que o dedo que apontava os objetos enfileirados numa linha e, outras vezes, surgiam mais vagarosamente. Se os objetos não estavam enfileirados numa linha, as crianças saltavam um ou mais e/ou contavam o(s) mesmo(s) mais de uma vez (ver Quadro 4(a), p. 22).

A significância da pesquisa precedente para os educadores é a que existe uma progressão da primeira para a terceira habilidade listada abaixo, e que este desenvolvimento depende da construção de uma infraestrutura mental de número e sua coordenação com a sequência de palavras aprendidas "de fora para dentro".

1. A habilidade de dizer palavras numa sequência correta.
2. A habilidade de contar objetos (isto é, de fazer a correspondência um a um entre palavras e objetos).
3. A escolha da contagem como instrumento mais desejável.

Tabela 4. A proporção de crianças de várias idades que contaram nove objetos corretamente.

| Idade | Proporção |
|---|---|
| 4 anos | 0% |
| 4,6 | 40(?)* |
| 5 anos | 54 |
| 5,6 | 60 |
| 6 anos (pré-primário) | 100 |
| 6 anos (primário ou 1º Grau) | 90 |
| 6,6 | 100 |
| 7 anos | 100 |

\* Estas crianças nem sempre contavam corretamente.

Os professores treinados sem conhecer a teoria de Piaget podem ser vistos frequentemente ensinando crianças a tocar cada objeto quando dizem uma palavra. Este é apenas um ensino superficial. As crianças têm que assimilar as palavras numéricas à estrutura mental apresentada no Quadro 5(b), p. 23. Se esta estrutura ainda não estiver construída, a criança não possui o que necessita para assimilar palavras numéricas. Ensinar um comportamento superficial em tal situação pode servir apenas para tornar a criança mais dócil. Deixá-la decidir sobre quando usar a contagem resulta na prevenção de imposições e numa fundamentação mais lógica para a aprendizagem posterior.

*2(c). Encorajar a criança a fazer conjuntos com objetos móveis*

Quando pedimos às crianças que enfoquem apenas um conjunto de objetos, limitamo-nos a perguntas como: – "Há quantos aqui?" e – "Você pode me dar oito?".

Como explicamos no princípio precedente, pedir às crianças que contem não é uma boa maneira de ajudá-las a quantificar objetos. Uma abordagem melhor desta questão é pedir-lhes que comparem dois conjuntos.

Há duas opções para pedir que as crianças comparem dois conjuntos: solicitar-lhes que *façam um julgamento* sobre a igualdade ou desigualdade dos conjuntos que já estão feitos e pedir-lhes que *façam um conjunto*, comparando-o com o que já está feito. A segunda abordagem é muito melhor por duas razões. Primeira: quando pedimos a uma criança para fazer um julgamento sobre dois conjuntos que já estão feitos, a razão que a criança tem para compará-los é apenas a de que o adulto quer uma resposta. Segunda: comparar conjuntos é uma atividade passiva na qual a criança está limitada a somente três respostas possíveis: os dois conjuntos são iguais, um tem mais ou o outro tem mais.

Ao contrário, quando a criança tem que *fazer* um conjunto, como quando lhe pedem que traga apenas xícaras suficientes para todos à mesa, ela começa com zero, pega um, mais um, mais um etc., até *decidir quando parar.* Esta espécie de decisão tem mais valor educacional porque a criança deve começar com zero e decidir exatamente quando interromper a ação de adicionar mais um.

O valor de encorajar crianças a fazerem conjuntos implica saber que alguns materiais usados normalmente não são apropriados para ensinar o número elementar. Cadernos de exercícios com figuras como o que se vê no Quadro 9 e as barras de Cuisenaire (Kunz 1965) são exemplos de materiais inoportunos.

**Ligue tantos objetos quantos você possa.**

**Coloque um X no conjunto que tenha mais objetos.**

Quadro 9. Um exemplo de uma página típica de um caderno de exercícios.

Estes cadernos de exercícios são indesejáveis porque impedem qualquer possibilidade de que a criança mova os objetos para fazer um conjunto. Além disso, esta espécie de exercício facilmente provoca o tipo de pensamento que conduz à resposta correta pela maneira errada. Por exemplo, quando perguntadas sobre como encontraram a resposta certa para o exercício do Quadro 9, muitas crianças explicam:

— "Você desenha linhas como esta e coloca um X na coisa que não tiver uma linha". Tais crianças podem ou não ter a menor ideia sobre qual é o conjunto que tem *mais*. Se elas têm, isto se dá porque já sabem como dizer qual o conjunto que tem mais. Se elas não sabem apontar para a diferença, o exercício é inútil porque as crianças não aprendem a fazer julgamentos quantitativos por desenhar linhas num papel.

O jogo de baralho "Batalha" (ver p. 86) permite que as crianças comparem conjuntos prontos muito mais inteligentemente do que através dessa página do caderno de exercícios.

As crianças não aprendem conceitos numéricos com desenhos. Tampouco aprendem conceitos numéricos meramente pela manipulação de objetos. Elas constroem esses conceitos pela abstração reflexiva à medida que atuam (mentalmente) sobre os objetos. Por exemplo, quando João-Pedro pegava os guardanapos, o importante não era a manipulação dos objetos, mas o raciocínio que se desenvolvia enquanto ele tentava decidir o que fazer com os guardanapos em relação aos pratos e às pessoas envolvidas. Uma vez que as crianças construíram a lógica da correspondência um a um (por abstração reflexiva), figuras como aquelas do Quadro 9 são completamente supérfluas.

É importante que o professor saiba que existe uma enorme diferença entre colocar um guardanapo sobre cada prato e pensar sobre o número de guardanapos em relação ao número de pratos. A primeira é apenas uma colocação espacial observável de um guardanapo sobre cada prato. Esta relação entre *objetos individuais* não é a mesma coisa que a relação entre *conjuntos de objetos*. Colocar um guardanapo sobre cada prato deixa que a criança saiba somente que há um guardanapo sobre cada prato. Ao contrário, quando João-Pedro decidiu contar os pratos, ele estava pensando sobre o grupo de guardanapos e o grupo de pratos. A criança que pensa na contagem de pratos para saber quantos guardanapos pegar está usando a contagem de maneira muito diferente do que aquela que conta depois que lhe ordenaram. Esta última alternativa significa seguir um procedimento mecanicamente. O primeiro pensamento usa a contagem como um termo médio para raciocinar que se P = n e G = n, então P = G (onde P significa pratos, G guardanapos e *n* números).

Mais críticas sobre páginas de cadernos de exercícios podem ser encontradas quando abordamos o próximo princípio. Gostaria de tratar agora as barras de Cuisenaire. A abordagem de Cuisenaire para ensinar número usando barras reflete a falha de não diferenciar entre quantidades discretas e contínuas. Para Cuisenaire, a barra de 1 cm significa 1, a de 5 cm, 5 e a de 10 cm, 10. No entanto, para as crianças pequenas, cada uma dessas barras pode ser apenas 1, uma vez que ela é um único objeto discreto. O número envolve a quantificação de objetos discretos e, portanto, não pode ser ensinado através da extensão, que é uma quantidade contínua.[2]

Dar esses 2, 3, 4 etc. já prontos às crianças pequenas é pior do que lhes dar conjuntos já preparados como os que aparecem na ilustração do Quadro 9 que, pelo menos, mostra objetos discretos.

Montessori (1912), Stern (Stern e Stern 1971) e muitos outros também fizeram barras proporcionalmente seriadas coincidindo com o princípio das Cuisenaire. Este princípio é o que faz a segunda barra ser duas vezes mais comprida que a primeira, a terceira três vezes mais longa que a primeira etc. As pessoas favoráveis ao ensino de número com barras acreditam que as crianças aprendem as séries numéricas ao ordenar as barras e contar os segmentos, abrangendo a ideia de que 1 está incluído em 2, 2 em 3 etc.

As pesquisas de Piaget e de seus colaboradores (Inhelder e Piaget 1959, Capítulo 9) mostram que, na realidade, quando a criança

---

2. Uma quantidade contínua como a extensão só pode ser quantificada pela introdução de uma unidade arbitrária que não é dada no objeto. A estrutura lógica de ordem de inclusão hierárquica é a mesma para o número e para a medida da extensão. Contudo, para o número a unidade é dada pelo objeto. Portanto, para o ensino inicial do número elementar as quantidades contínuas não são apropriadas. (No entanto, depois que a criança construiu o número, as barras de Cuisenaire podem ser úteis na visualização da comutatividade, divisão de conjuntos etc. Uma vez que ela tenha a ideia de 1, 5 ou 10 ela poderá relacioná-la com uma barra.)

arruma as barras da mais comprida para a mais curta, ou vice-versa, o que ela aprende é o estratagema empírico de usar a forma de degrau para julgar se a arrumação está correta ou não. Esta forma é a configuração observável que a criança pode usar como uma fonte externa de retroalimentação. No entanto, a retroalimentação no conhecimento lógico-matemático só pode advir da consistência interna do sistema lógico construído pela criança. Este sistema não é observável: é construído pela coordenação da criança sobre diferenças, que também não são observáveis.[3]

A habilidade de arrumar objetos por tentativa e erro, baseada na retroalimentação dada pela configuração, é, portanto, muito diferente da habilidade de pensar logicamente pela coordenação de diferenças entre os objetos.

Vejamos o terceiro grupo de princípios relacionados com a interação social da criança com seus colegas e adultos.

## 3(a). Encorajar a criança a trocar ideia com seus colegas

A aritmética, como afirmamos anteriormente, não precisa ser transmitida de uma geração a outra como o conhecimento social (convencional), uma vez que o conhecimento lógico-matemático é construído pela coordenação de relações feita pela criança, e nada é arbitrário nesta coordenação. No conhecimento lógico-matemático, se as crianças questionarem bastante, mais cedo ou mais tarde descobrirão a verdade, sem nenhum ensino ou correção feitos pelo

---

3. Um exemplo de "coordenação de diferença" é o seguinte (onde "A. B, C. D,..., J".representam dez varetas):Se A>B, B>C, C>D,... e I>J, então A>J. Quando a criança tiver construído um sistema lógico no qual todas as diferenças entre as varetas possam ser coordenadas simultaneamente, ela arrumará as varetas *sistematicamente* ao procurar a mais comprida (A), a segunda mais comprida (B) etc. Enquanto não possui tal sistema ela procede por *tentativa e erro* e fundamenta seu julgamento no arranjo da forma de degrau. Ver Gillèron (1977) para mais pesquisas sobre o assunto.

professor. Por exemplo, num jogo de baralho, se a criança disser que 2+4=5, ela acabará por descobrir a verdade ao discutir bastante com outros jogadores que não concordem com ela.

Portanto, um princípio fundamental no âmbito lógico-matemático é o de evitar o reforço da resposta certa e a correção das respostas erradas, mas, em vez disso, encorajar a troca de ideias entre as crianças. Se uma criança diz que 2+4=5, a melhor reação é perguntar: – "Todos concordam?" Se ninguém tiver uma outra ideia, provavelmente será melhor abandonar a pergunta. O silêncio em tais situações geralmente significa que a pergunta foi muito difícil para todos. Da mesma forma, quando uma criança traz "um número suficiente de canudinhos...", a melhor coisa que o professor pode fazer é refrear-se de dar uma retroalimentação direta em relação com a correção da resposta. Depois que a criança distribui os canudinhos, ela própria, ou uma outra, observará o resultado. Quando a criança é confrontada com a ideia de outra criança, conflitante com a sua, geralmente é motivada a pensar outra vez sobre o problema, a retificar sua ideia ou encontrar um argumento para defendê-la.

Quando ensinamos número e aritmética como se nós, adultos, fôssemos a única fonte válida de retroalimentação, sem querer ensinamos também que a verdade só pode sair de nós, então a criança aprende a ler no rosto do professor sinais de aprovação ou desaprovação. Tal instrução reforça a heteronomia da criança e resulta numa aprendizagem que se conforma com a autoridade do adulto. Não é dessa forma que as crianças desenvolverão o conhecimento do número, a autonomia ou a confiança em sua habilidade matemática.

Piaget (1948) opunha-se vigorosamente a essa espécie de ensino e insistia em que o bloqueio emocional que muitos estudantes desenvolvem em relação à matemática é completamente evitável.

Afirmei anteriormente que a fonte de retroalimentação no conhecimento lógico-matemático é a coerência interna do sistema lógico construído pela criança. Embora a fonte definitiva de retroalimentação esteja dentro da criança, o desacordo com outras crianças pode estimulá-la a reexaminar suas próprias ideias. Quando a criança discute que 2+4=5, por exemplo, ela tem oportunidade de pensar sobre a correção de seu próprio pensamento, se quiser convencer a alguém mais. É por isso que a confrontação social entre colegas é indispensável para o desenvolvimento do conhecimento lógico-matemático.

A importância da interação social foi demonstrada por Perret-Clermont (1980). Em experimentos com grupos de três crianças de cada vez, ela provou que o choque de opiniões e esforços para resolver um desacordo durante dez minutos estimulavam a criança pré-operacional a fazer novas relações e raciocinar a um nível mais alto do que as crianças do grupo controle (que não tiveram tal oportunidade).

Não é verdade que as crianças tenham que ser instruídas ou corrigidas por alguém que sabe mais do que elas. No âmbito lógico-matemático a confrontação de duas ideias erradas pode fazer surgir uma outra que seja mais lógica que qualquer uma das outras duas. Por exemplo, se uma criança pensa que 2+4=5 e outra que 2+4=4, ambas podem corrigir seus raciocínios enquanto tentam convencer a outra de que estão certas.

Os jogos em grupo, que são discutidos aqui e em outra obra (Kamii e DeVries 1980), são situações ideais para a troca de opiniões entre crianças. Neles as crianças são motivadas a controlar a contagem e a adição dos outros, para serem capazes de se confrontar com aqueles que trapaceiam ou erram.

Corrigir e ser corrigido pelos colegas nos jogos é muito melhor que aquilo que porventura possa ser aprendido através das páginas de cadernos de exercícios.

Ao preencherem as páginas de cadernos de exercícios, as crianças fazem apenas seu próprio trabalho e não examinam a maneira de pensar das outras. Além disso, quando terminam sua folha elas a devolvem à professora para que esta julgue a correção de cada resposta. Tal dependência da autoridade do adulto é ruim para o desenvolvimento tanto da autonomia quanto da lógica da criança. Nos jogos em grupo as crianças estão mentalmente muito mais ativas e críticas e aprendem a depender delas mesmas para saber se o seu raciocínio está correto ou não.

*3(b). Imaginar como é que a criança está pensando e intervir de acordo com o que parece que está sucedendo em sua cabeça*

Se as crianças cometem erros é porque, geralmente, estão usando sua inteligência a seu modo. Considerando que todo erro é um reflexo do pensamento da criança, a tarefa do professor não é a de corrigir a resposta, mas de descobrir como foi que a criança fez o erro. Baseado nesta compreensão, o professor pode, muitas vezes, corrigir o processo do raciocínio, o que é muito melhor do que corrigir a resposta. Por exemplo, se a criança trouxer menos um copo do que o necessário, a razão para isso pode ser a de que não tenha contado a si mesma. As crianças do nível pré-operacional apresentam frequentemente a dificuldade de considerar-se tanto como quem conta quanto como quem é contado. Portanto, quando contam os outros, frequentemente não contam a si mesmas.

Quando distribuem xícaras e descobrem que falta uma, pode ser útil perguntar casualmente: – "Você contou a si mesmo quando contou as crianças?". Assim como há muitas maneiras de obter a resposta errada, há também outras tantas de conseguir a certa.

Uma ilustração disso é o estudo realizado por Piaget e Szeminska (1941, Capítulo 8) de como as crianças dividem 18 fichas entre duas pessoas.

Eles descobriram três maneiras (níveis) de conseguir a resposta certa, sendo que somente a última está baseada no raciocínio lógico. As três abordagens são as seguintes:

1. Uma abordagem intuitiva (global):

    A criança divide as fichas de maneira descuidada, global, e pode dar nove a cada pessoa por acaso. Neste exemplo consegue-se a resposta certa pela sorte. Por isso, depois de dividir as fichas, a criança pode acabar dizendo que há mais num monte, especialmente se a configuração espacial for modificada como se vê no Quadro 10(a).

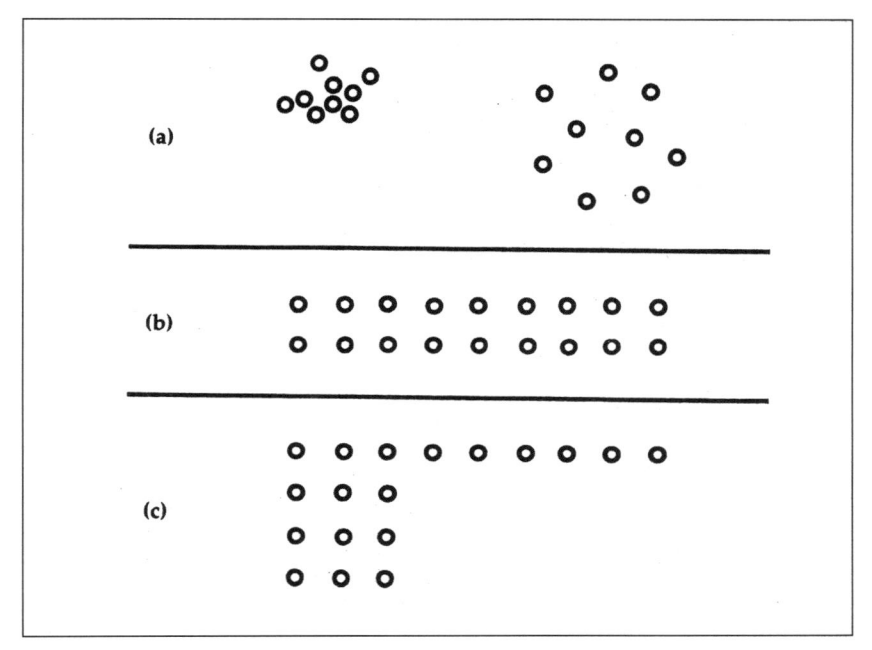

Quadro 10. A divisão e o arranjo das 18 fichas.

2. Uma abordagem espacial:

    A criança coloca as fichas espacialmente numa correspondência um a um como se vê no Quadro 10(b). Então, depois de dividir as fichas, ela pode terminar dizendo que há mais em um dos conjuntos se um dos arranjos for modificado como se vê no Quadro 10(c).

3. Uma abordagem lógica:

    A criança dá uma ficha (ou mais) a cada pessoa alternadamente até que as 18 se esgotem. O arranjo espacial torna-se irrelevante quando a lógica da criança está bem desenvolvida. Assim, quando o procedimento usado é o lógico, a criança pode realizar a tarefa de olhos fechados. Depois de dar 40 cartas a dois jogadores, estas crianças estão tão seguras de seu procedimento que não necessitam contar as cartas para saber com certeza se os dois receberam o mesmo número.

Pela observação do comportamento da criança, o professor atento pode inferir se ela está abordando um problema de forma intuitiva, espacial ou lógica. Com base neste tipo de observação contínua o professor pode intervir para influir no processo de pensamento da criança em vez de responder à pergunta.

Numa sala de crianças que iniciavam a primeira série do primeiro grau, a professora notou que uma criança dividia as cartas para jogar "Batalha" pelo método intuitivo. Ela pegou para si aproximadamente metade da pilha, dando o resto do monte para sua oponente. Comparou então a altura das duas pilhas para assegurar-se de que dividira as cartas satisfatoriamente. A professora não corrigiu a criança, porque tal correção poderia paralisar a iniciativa de sua aluna. Além disso, ela sabia que brevemente a criança inventaria, de qualquer maneira, um modo melhor e que fazê-la dar as cartas corretamente apenas produziria uma anuência superficial. Ademais, as crianças pequenas geralmente não se importam com o número exato de cartas que possuem no início de um jogo. Tudo que lhes interessa é começar a jogar.

Na distribuição de cartas pelas crianças, nunca detectei o segundo nível, isto é, o arranjo espacial de correspondência um a um. Normalmente elas dão as cartas atribuindo uma a cada jogador, mas, com frequência, este é apenas um comportamento de imitação. Quando se distraem facilmente e/ou saltam uma criança ou dão duas cartas sucessivamente à mesma pessoa, estes comportamentos refletem a ausência de um senso de necessidade lógica de seguir um procedimento estrito.

Na Fotografia 3 a professora tem em mente as três abordagens anteriores e mais uma quarta – a contagem. Aqui a menina de quatro anos, encarregada do lanche, tem que colocar um número suficiente de xícaras e guardanapos para todos à mesa e distribuir o mesmo número de bolachinhas para cada um. Há muitos observadores e a professora evita intervir. Ela imagina se e quando uma das crianças notará as quantidades desiguais de bolachinhas. Se ninguém notar nada errado, não há necessidade de corrigir a criança encarregada.

Fotografia 3. *Aprontando a merenda* – A criança responsável deve distribuir um número suficiente de xícaras e guardanapos para todos em sua mesa e dar a mesma quantidade de bolachinhas a todos.

Numa sala de crianças de cinco e seis anos observei uma atividade em que as crianças dividiam passas e em que a professora reagiu de acordo com a maneira pela qual as crianças pensavam. Ela serviu no lanche uma tigela com um monte de passas e pedaços de queijo. Quando todos estavam à mesa, prontas para comer, uma criança perguntou: – "Quantas passas podemos tirar?". A professora replicou: – "Penso que cada mesa pode decidir quantas vocês podem tirar". A próxima pergunta levantada por uma criança foi: – "Podemos tirar seis?". A professora respondeu: – "O que é que você acha? Você acha que essa ideia dará certo?". – "Eu não sei, teremos que ver" foi a resposta, e cada uma das crianças pegou seis. Sobraram muitas passas e depois alguém sugeriu que se tirassem três. A tigela circulou mais uma vez e ainda sobraram muitas.

Uma criança que tinha ido ao banheiro se juntou ao grupo nesse momento. – "Quantas eu tiro?", perguntou. A resposta que recebeu de um colega foi: – "Você tira seis primeiro e depois três". A professora aproveitou-se desta conversa para perguntar: – "Quanto é tudo isso junto?". Esta pergunta foi recebida com silêncio. Prudentemente ela não insistiu em sua lição, pois as crianças, obviamente, não estavam interessadas nela. A adição era difícil demais para essas crianças. Então alguém sugeriu: – "Agora, todo mundo pode tirar dez", e duas crianças protestaram que não havia bastante para que todas tirassem dez. A professora encorajou essa troca de ideias e o grupo decidiu tentar tirar as dez.

Depois que três crianças tiraram dez cada uma, a tigela ficou quase vazia. A professora comentou: – "Acho que não foi uma boa ideia", e o inventor da ideia fingiu não ouvir. Afortunadamente, o resto das crianças parecia não estar se importando mais com as passas. As crianças geralmente dão mais importância à divisão de alimentos do que de outros objetos, mas, às vezes, nem mesmo a comida chega a interessá-las.

Passo agora dos princípios gerais de ensino a situações específicas em sala de aula que se prestam particularmente bem ao "ensino" do número.

# 4
# SITUAÇÕES ESCOLARES QUE O PROFESSOR PODE USAR PARA "ENSINAR" NÚMERO

Antes de iniciar a discussão sobre situações específicas que o professor pode usar para estimular o pensamento numérico das crianças, gostaria de recordar ao leitor, uma vez mais, que a criança não constrói o número fora do contexto geral do pensamento no dia a dia. Portanto, o professor deve encorajar a criança a colocar todos os tipos de coisas, ideias e eventos em relações todo o tempo, em vez de focalizar apenas a quantificação. Os exemplos de quantificação que se seguem são apresentados a partir do pressuposto de que tal contexto existe.

As situações que conduzem à quantificação de objetos se apresentam sob dois títulos – vida diária e jogos em grupo. Espero que o leitor veja em cada exemplo uma expressão do Princípio 2(a), "Encorajar a criança a pensar sobre número e quantidades de objetos quando estes sejam significativos para ela".

*Vida diária*

A quantificação constitui uma parte inevitável da vida diária. Por exemplo, os copos de papel e os guardanapos têm que ser distribuídos, as coisas devem ser divididas igualmente entre as crianças e as peças de jogos de tabuleiro não devem se perder. Estas responsabilidades são frequentemente desempenhadas pela professora na pressuposição que as crianças de quatro a seis anos de idade são muito novas para essas tarefas. Com um pouco de organização, a professora pode atribuir pelo menos parte dessas tarefas às crianças e criar situações nas quais a quantificação aconteça de maneira natural e significativa.

As situações discutidas abaixo referem-se a distribuição de materiais, divisão e coleta de objetos, registro de informação, arrumação da sala.

A distribuição de materiais

Nos princípios 2(b) e 2(c) dei o exemplo de pedir às crianças que trouxessem "o número suficiente de xícaras para todos à mesa". Quando as crianças ainda não podem manejar o número total de crianças presentes na sala de aula, o professor poderá dividir o grupo todo em grupos menores de tal forma que o número em cada grupo possa ser suficientemente pequeno para ser compreendido pelas crianças. O pedido de que traga "o número suficiente para todos à mesa" é particularmente significativo quando o número de objetos disponíveis (p. ex.: tesouras) é exatamente o mesmo que o número total de crianças da classe inteira.

De acordo com o que foi dito na discussão sobre o Princípio 3(b), crianças que podem usar a contagem em outras situações algumas vezes são malsucedidas na distribuição de objetos, porque se esquecem de contar a si mesmas. A criança que fez a contagem verá claramente que não trouxe o bastante. Neste caso, a tarefa da professora será a de usar esta observação de maneira casual e positiva, como foi discutido no Princípio 3(a) (Encorajar a criança a trocar ideia com seus colegas).

A divisão de objetos

A hora do lanche apresenta o problema da divisão de passas, fatias de maçãs ou outros alimentos, de forma justa, como se viu nos exemplos dados para ilustrar o Princípio 3(b). Quando uma criança distribui um certo número de objetos, ela sabe de antemão quantos ela tem que dar a cada pessoa. Contudo, quando os divide, não sabe o número que deve dar a cada uma. No primeiro caso ela toma um subconjunto a partir do conjunto maior, no segundo caso ela deve parcelar o conjunto em muitos subconjuntos equivalentes.

Voltamos a insistir em que essa tarefa é muito difícil se a criança tiver que dividir coisas entre todas as crianças da turma. No entanto, a professora pode dar um certo número a cada par de crianças (ou a cada grupo de três, quatro etc.) para dividir de uma forma razoável. Se uma criança protesta que alguém recebeu mais, a professora pode seguir os Princípios 3(a) e 3(b) e encorajar as crianças a trocarem ideias para resolver o conflito. Quando uma criança propõe uma solução, sua ideia pode ser ou pode não ser razoável do ponto de vista da professora. Por exemplo, uma criança que parece apresentar uma quantidade maior por causa de seu arranjo espacial. Numa situação como esta, se todas as crianças estiverem satisfeitas, o melhor é não impor nossa visão de adultos. Quando a resposta certa é incompreensível para a criança, sua imposição só lhe ensinará a acompanhar silenciosamente o adulto em sua posição de poder.

## A coleta de coisas

A coleta de coisas, tais como os bilhetes de permissão assinados pelos pais antes de uma excursão, proporciona uma oportunidade natural de ensinar a composição aditiva do número. No momento de reunião a professora pode apresentar a pergunta relativa a chamar ou não a companhia de ônibus para organizar os arranjos finais. Perguntas como as seguintes também podem ser colocadas:

– Temos todos os bilhetes de que necessitamos?
– Quantos mais necessitamos?
– Quantas crianças trouxeram seus bilhetes ontem?
– Quantas trouxeram hoje?
– Quem esteve ausente ontem? Quantos estiveram ausentes?

Como sempre, se a tarefa puder ser facilitada pela divisão da turma em grupos menores, certamente valerá a pena fazê-lo. Os grupos menores também oferecem a vantagem de permitir que mais crianças tenham oportunidade de exercer a liderança.

Ao distribuir os bilhetes para as crianças levarem para casa, a professora pode dizer: – "Escreverei na lousa quantos bilhetes distribuí para saber quantos devo recolher amanhã". Os nomes das crianças que estão ausentes também podem ser escritos na lousa. A propósito, este é um bom exemplo de uma forma natural de expor as crianças à leitura e à escrita incidentais.

A coleta do dinheiro para o leite pode ser muito difícil, mas as crianças podem, pelo menos, ajudar a contar o número das que pagaram para saber quantos pacotes devem distribuir mais tarde.

### Manutenção de quadros de registros

O Quadro 11 é um exemplo do tipo de registro de frequência para calcular com as crianças quantos bilhetes de permissão a mais ou livros da biblioteca necessitam ser recolhidos. Como sempre, ele deve incluir em cada quadro apenas o número de nomes que as crianças possam manejar.

### Arrumação da sala de aula

Várias oportunidades para a quantificação numérica podem ser encontradas no contexto da limpeza ou arrumação. Por exemplo, o professor

|  |  |  |
|---|---|---|
| Adão |  |  |
| Robertinho |  |  |
| Catarininha |  |  |
| David |  |  |
| Eveline |  |  |
| Total | 5 |  |
| Presentes |  |  |
| Ausentes |  |  |

Quadro 11. Um quadro de presença.

pode rotular as caixas, como se vê no Quadro 12, para que as crianças saibam quantos objetos devem procurar antes de guardar um jogo.

Se há um momento para a limpeza ou arrumação geral, alguns professores podem sugerir que cada pessoa guarde três coisas.

Alguns professores têm um quadro mostrando quem é responsável pela arrumação de cada uma das várias áreas da sala. No início toda a classe é reunida e cada pessoa encarregada de uma área decide sobre quantos ajudantes deseja e escolhe-os dentre os demais. Assim, cada grupo começa a limpar e arrumar logo que tenha sido organizado.

Votação

Em muitas ocasiões o professor pode sugerir que o grupo decida por voto majoritário (ver Fotografia 4). A votação é necessária, por exemplo, quando um grupo não concorda com o nome escolhido

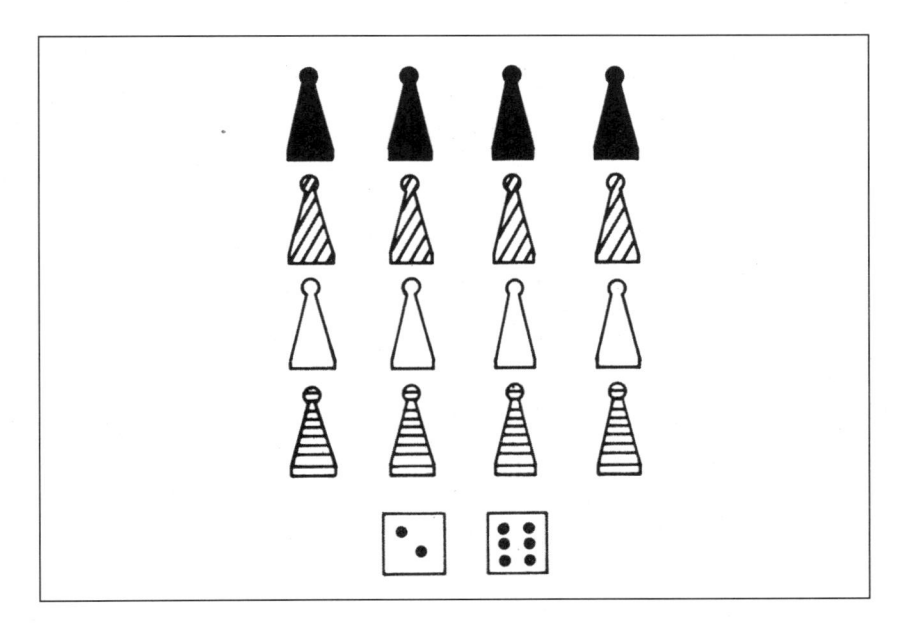

Quadro 12. Uma lista de objetos a serem procurados antes que se guarde um jogo.

Fotografia 4. *Votando para decidir o nome do peixinho dourado* – No início do ano, as crianças de quatro e cinco anos não sentem a necessidade de votar em apenas uma das escolhas possíveis. Algumas votam duas, outras três vezes! Contudo, uma vez que tenham muitas oportunidades para votar, elas não necessitarão de ser lembradas, pelo meio do ano, que só podem votar por uma das escolhas. Elas também se acostumam a propor uma votação sempre que se tenha que tomar uma decisão de grupo.

para o porquinho-da-índia ou se devem planejar biscoitos ou pãezinhos para o lanche do dia seguinte. Embora a votação ensine a comparação de quantidades, sua função mais importante é a de colocar o poder de decisão nas mãos das crianças, promovendo, desta forma, sua autonomia.

*Jogos em grupo*

Como se pode ver em Kamii e DeVries (1980), muitos jogos em grupo proporcionam um contexto excelente para o pensamento em geral e para a comparação de quantidades. Abaixo há alguns exemplos de jogos com alvos, jogos de esconder, corridas e jogos de pegar, adivinhações, jogos de tabuleiro e baralho.

## Jogos com alvos

As bolinhas de gude e o boliche são particularmente bons para a contagem de objetos e a comparação de quantidades (ver Fotografias 5 e 6). Nestas situações as crianças são motivadas a saber quantas bolinhas foram jogadas fora do círculo e quantas garrafas caíram. Contudo, o professor dever ter o cuidado de não insistir em que as crianças comparem seus desempenhos. Aos quatro anos de idade, as crianças estão interessadas apenas no que elas mesmas estão fazendo. Somente ao redor dos cinco ou seis anos é que certas crianças começam a interessar-se por competição.[1]

Fotografia 5. *Bolinhas de gude* – Estas crianças de cinco anos estavam apenas interessadas em fazer rolar suas bolinhas de gude para fora dos limites do jogo. Quando a professora perguntou: – "Quantas vocês puseram para fora?", elas a ignoraram completamente. A professora, sabiamente, desistiu da pergunta.

---

1. Aconselha-se que o leitor procure em Piaget (1932, Capítulo 1) Kamii e DeVries (1980, Capítulo 2) mais informações sobre essas mudanças do desenvolvimento.

Fotografia 6. *Boliche* – Geralmente, as crianças de três anos não estão interessadas em saber quantas garrafinhas elas derrubam. Uma pergunta ocasional como: – "Quantas vocês ainda têm que derrubar?" pode interessar a algumas crianças, mas a professora deve ter cuidado de não insistir em conseguir uma resposta para esta pergunta.

Uma advertência: Quando uma criança de quatro ou cinco anos diz: – "Eu tenho sete e João tem oito", não está, necessariamente, comparando os dois conjuntos. Esta declaração é, frequentemente, um simples anúncio do resultado de uma contagem.

É melhor para as crianças que elas sejam introduzidas à escrita quando isso for útil e significativo para elas, do que quando a professora diz, sem nenhuma razão aparente, que agora é hora de escrever respostas nas folhas dos cadernos de exercícios. Os Quadros 13 e 14 são exemplos de folhas de contagem de pontos usadas em jogos de boliche. O boliche necessita de um registro de contagem de

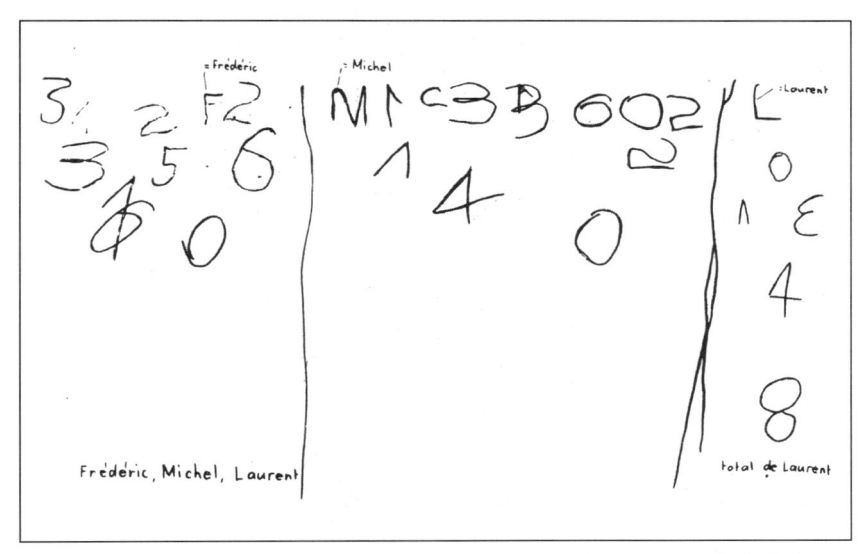

Quadro 13. Uma folha de contagem de resultados de um jogo de boliche.

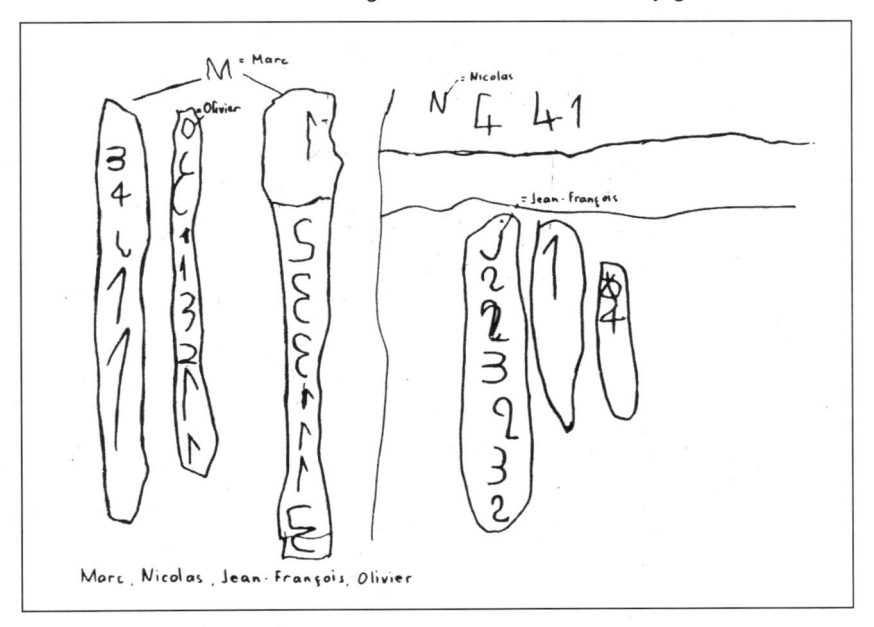

Quadro 14. Uma folha de contagem de resultados de um jogo de boliche no qual a ordem temporal é representada espacialmente.

A criança e o número 73

pontos quando cada criança tem o direito de jogar mais de uma vez. Como cada jogador usa o mesmo conjunto de garrafas, sem o registro não fica nenhum vestígio do número que foi derrubado.

Os jogos com bolinhas de gude são diferentes: os jogadores podem guardar as bolinhas que atiraram fora dos limites, e, por isso, não há razão para manter um registro.

Abaixo encontram-se trechos das notas da professora mostrando o contexto no qual essas folhas de contagem foram feitas (Capt, Glayce e Hegyi 1976). Por essas notas pode-se ver que o desenvolvimento em aritmética é indissociável de outros aspectos do desenvolvimento.

*Julho 1975* (As crianças tinham aproximadamente cinco anos de idade) – As crianças arrumaram as garrafas[2] do boliche numa fila, uma contra a outra, explicando que desta forma era "mais fácil derrubá-las".

No começo não se organizaram por turnos. A que agarrasse a bola era a que jogaria em seguida. Depois organizaram-se por turnos.

Para cada lançamento contavam o número que havia caído, sem colocá-lo numa relação aditiva com o número que haviam derrubado no anterior. Eles não sentem nenhuma necessidade de colocar-se num ponto específico para atirar a bola. Alguns ficam bem longe do alvo, alguns bem perto e outros ao lado.

Posteriormente, variavam o arranjo espacial ao enfileirar as garrafas em linhas retas, em círculos ou em formas ovais.

*Setembro 1975* – Outra maneira de brincar apareceu. As crianças arrumaram as garrafas espaçadamente numa fila. Cada vez que uma delas caía, elas a retiravam do jogo. Quando sobrava apenas uma e

---

2. As garrafas do boliche eram garrafas de plástico usadas para vender água mineral na Suíça. A água mineral é largamente consumida lá, e a professora pediu às crianças que trouxessem as de 1 litro que seus pais já não utilizassem. As crianças pintaram essas garrafas, enchendo-as com areia.

era difícil acertá-la, elas colocavam a garrafa cada vez mais perto. Desta forma o jogo tornou-se mais estruturado com as seguintes regras:

Arrumar as garrafas em fila.
Eliminar aquela que cair.
Aproximar a última que sobrar.

*Janeiro-fevereiro 1976* (As crianças tinham aproximadamente seis anos de idade e estavam no pré) – Agora as crianças sentem necessidade de desenhar uma linha além da qual não podem passar quando atiram a bola, porém, não há competição entre elas. Além disso, escrevem números num papel, e algumas somam o número total de pontos feitos. Por exemplo, a coluna de Laurent mostra que 0+1+3+4=8 (como se pode ver no Quadro 13). As "colunas" das outras crianças não estão tão bem estruturadas.

Não fica esclarecido, por esta folha de papel, se as três crianças tiveram oportunidades desiguais de jogar, ou se algumas estiveram praticando a escrita de números em suas "colunas".

Outra maneira de jogar é a de tentar fazer todas as garrafas caírem e contar o número de tentativas que foram necessárias para obter este resultado.

*Maio 1976* – Agora as crianças organizaram-se bem antes de começar o jogo. Elas decidem como jogarão e como marcarão os resultados. O Quadro 14 é um exemplo do registro de resultados conseguidos por quatro jogadores. As colunas estão muito mais bem estruturadas do que as do Quadro 13 e o espaço usado para representar a sequência temporal do número de garrafas derrubadas.

Não existe 0 nesta folha (o único 0 é a inicial de Oliver), porque prevaleceu o seguinte raciocínio:

Jean-François marcou um zero depois que não conseguiu derrubar nenhuma das garrafas.

Marc interveio: – "Não, você não precisa fazer os zeros".
A professora perguntou: – "Vocês não escrevem os zeros?".
Marc explicou: – "Não, veja, nós não precisamos porque zero significa nada".
Vincent concordou: – "Está certo. Zero é *nada* mesmo. Por isso nós não o escrevemos".
(*Atividades do conhecimento físico na escola infantil*, pp. 128-133)

Fazer as crianças escreverem o 0 na situação acima seria desaconselhável. Tal imposição apenas lhes ensinaria a conformar-se com imposições arbitrárias dos adultos.

Jogos de esconder

A professora pode introduzir o jogo de esconder cinco laranjas. Neste jogo, o grupo é dividido em dois subgrupos, de tal maneira que algumas crianças possam esconder os objetos e as demais possam tentar encontrá-los.[3]

Quando as últimas encontram três laranjas, por exemplo, elas devem saber quantas ainda têm que procurar. Assim, este jogo inclui a divisão de conjunto, que envolve adição e subtração. No jogo de esconde-esconde algumas crianças também calculam quantos jogadores ainda precisam ser encontrados.

Outro jogo de esconder pode ser feito com seis espátulas. Depois de mostrá-las às crianças, a professora esconde todas elas

---

3. Algumas professoras dividem a classe exatamente em dois grupos e dizem quem é que deve sair da sala e quem é que deve ficar para esconder as laranjas. Um modo muito melhor de desenvolver o pensamento e a autonomia das crianças é o de perguntar: – "Quem quer esconder as laranjas?" e – "Quem quer procurá-las?". Deixar que as crianças organizem-se e decidam o que fazer em seguida é muito mais educativo do que deixar à professora a diretividade do jogo. Ver Kamii e DeVries (1980) para uma explicação sobre este ponto.

sob a mesa com ambas as mãos e depois mostra quatro numa delas. Em seguida pergunta: – "Quantas vocês acham que estão em minha mão sob a mesa?". Quando este jogo torna-se muito fácil, a professora pode usar de vez em quando o truque de esconder uma ou duas espátulas entre suas pemas. Esta espécie de truque dá às crianças a oportunidade de fortalecer seu poder de raciocínio.

## Corridas e brincadeiras de pegar

Brincadeiras como a "Dança das Cadeiras"[4] e "Pato, Pato, Ganso", "Lenço Atrás" ou "Ovo Choco" envolvem quantificação e ordenação de objetos. Na "Dança das Cadeiras" (Fotografia 7) podemos encorajar as crianças a imaginar de quantas cadeiras necessitarão. Este jogo não deve ser realizado com a classe inteira. Se as crianças são encorajadas a iniciar os jogos por conta própria,[5] o número de jogadores geralmente é pequeno. A professora também pode organizar muitos grupos pequenos em vez de um grupo grande. Para as crianças pequenas as regras do jogo devem ser modificadas de tal maneira que ninguém seja eliminado.

É bastante interessante observar que, entre os quatro e cinco anos de idade, as crianças preferem brincar de "Dança das Cadeiras" usando uma cadeira para cada jogador.

Devemos encorajá-las a trocar ideias para decidir como querem jogar – com o mesmo número de cadeiras e de crianças ou com uma

---

4. A "Dança das Cadeiras" é geralmente feita da seguinte maneira: as cadeiras, em número de uma a menos do que o número de crianças, são arrumadas em uma fila, espaldar contra espaldar. Quando a música começa, todas as crianças andam em volta das cadeiras e, quando ela para, todos correm para sentar numa cadeira. Aquela que não conseguir sentar-se sai do jogo. Cada vez que uma das crianças sai retira-se uma cadeira. O participante que sentar na última cadeira é o vencedor.
5. Recomendamos com muita insistência que o leitor consulte Kamii e DeVries (1980) para uma elaboração deste e de muitos outros princípios de ensino.

Fotografia 7. *Dança das Cadeiras* – A parte mais educacional do jogo pode estar começando aqui.

ou mais cadeiras a menos (mas sem eliminar quem não consegue sentar). Todas essas variações são boas para a quantificação de objetos.[6]

A parte mais educativa da "Dança das Cadeiras" pode estar em sua preparação. A professora que arruma as cadeiras, em vez de deixar que as crianças organizem o jogo, priva-as de uma situação ideal para que concluam quando atingiram o número de cadeiras desejado. "Pato, Pato, Ganso" (N.T. – em tradução literal) não é um jogo que envolva a contagem como tal. Contudo, pode ser útil para a construção do

---

6. Uma criança de três anos, mesmo depois de ouvir uma explicação clara sobre por que uma das crianças não conseguirá uma cadeira, sempre fica surpresa e perplexa quando descobre que todos têm cadeira exceto ela. Frequentemente busca ao redor procurando pela sua! Quando isto acontece significa que o jogo está muito difícil e deve ser evitado.

número porque a criança deve colocar muitos elementos (os participantes do jogo) numa relação de ordem.

"Ele ou Ela" dão a volta no círculo tocando a cabeça de cada criança. À medida que toca cada uma das crianças "ele/ela" diz "Pato". Quando "ele/ela" escolhem uma pessoa chamando-a de "Ganso", esta o/a persegue ao redor do círculo, como no jogo de deixar cair o lenço ("Lenço Atrás" ou "Ovo Choco").

A dificuldade de colocar os jogadores em sequência pode ser frequentemente observada entre as crianças de quatro anos, que não sentem a necessidade de tocar na cabeça de cada criança. Quando dizem "Pato", elas saltam uma ou mais crianças sem mostrar nenhum sinal de estarem preocupadas com esta infração.

As crianças mais velhas, ao contrário, tomam tanto cuidado de não saltar ninguém que até se sentem obrigadas a voltar e tocar um jogador que passar despercebido.[7]

Os jogos em grupo apresentam muitas oportunidades de colocar as coisas em todos os tipos de outras relações. Em "Pato, Pato, Ganso", por exemplo, as crianças mostram uma tendência de escolher seus amigos ou as crianças mais populares. Esta é uma situação ideal para fazer a dicotomia entre os "que já tiveram sua vez" e "os que ainda não". A professora deve ser diplomática quando pede a "ele/ela" para escolher um jogador que ainda não teve sua vez. Se a professora for muito categórica e declarar que somente aqueles que não tiveram vez serão escolhidos, o jogo deteriora-se, uma vez que aqueles que já sabem que não terão mais vez ficarão desassossegados e desinteressados da atividade.

Um jogo de adivinhação

"Ele ou Ela" podem pegar uma das dez cartas com números de 1 a 10. As outras crianças tentam adivinhar qual foi a carta retirada.

---

7. Em alguns grupos, as crianças elaboram a regra de que "ele ou ela" deve ir para o meio do círculo se saltar uma criança.

"Ele ou Ela" responde a cada tentativa dizendo: – "Sim", – "Não, é mais", – "Não, é menos".

Para aqueles que desejam manter um registro dos números adivinhados, a lousa é um instrumento útil.

Algumas crianças adiantadas escrevem 1 2 3 4 5 6 7 8 9 10 e procedem por eliminação. Outras escrevem 123... para manter um registro do número de tentativas feitas!

Jogos de tabuleiro

Alguns jogos como o "País dos Doces" (1955) e "Escorregadores e Escadas" (1956) podem ser encontrados em lojas, e os pais podem comprá-los e dá-los de presente. Em jogos deste tipo os números são indicados de três maneiras diferentes: cartas de baralho, uma roleta e um ou mais dados. Os jogadores podem avançar em direção à meta dando o número de passos indicado pela carta, roleta ou dado. O professor pode tornar o jogo mais fácil usando apenas números pequenos, até três ou quatro. Ele também pode dificultar usando dois ou três dados.

Nos jogos acima, as cartas, a roleta ou o dado são usados para indicar o número de passos a tomar em vez do número de objetos a retirar.

Quando a criança dá os passos com um marcador, o ponto de partida desaparece tão logo o primeiro passo é dado. Além do mais a quantificação não fica muito clara quando os segmentos são constituídos por unidades introduzidas numa trilha contínua.

Para as crianças cujos conceitos de número ainda são incertos, a professora pode fazer um tipo de jogo diferente, à luz do Princípio 2(c) (Encorajar a criança a fazer conjuntos com objetos móveis).

O jogo que aparece no Quadro 15(a) usa um pedaço de cartolina dividido em 12 quadrados, fichas para serem colocadas nos quadrados e um dado. O objetivo do jogo é ser o primeiro a encher o cartão, ou então enchê-lo e depois esvaziá-lo retirando o número de fichas indicado no dado.

O jogo acima permite à criança simplesmente encher o cartão inteiro, sem a necessidade de saber quantos quadrados existem no mesmo.

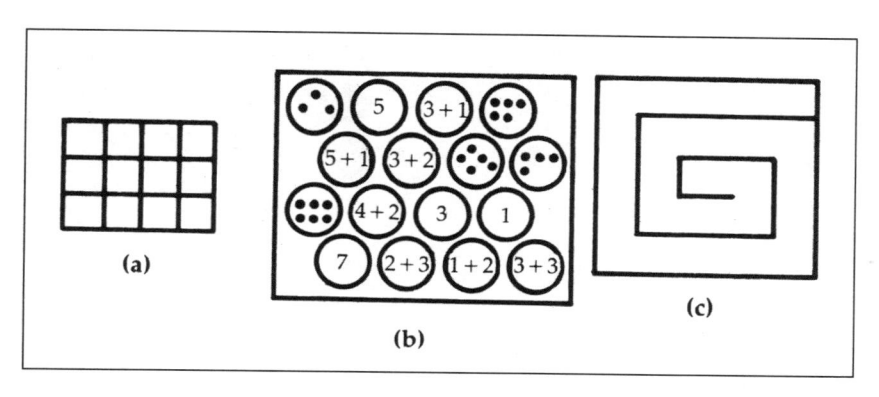

**Quadro 15.** Jogos de tabuleiros feitos pela professora. (As crianças acrescentam detalhes a (c).)

Esta característica é por vezes uma vantagem e por outras uma desvantagem. É uma vantagem quando as crianças ainda não conseguem quantificar 12 objetos. Elas podem meramente tentar encher o cartão e conseguem jogar mesmo que 12 seja um número muito grande para elas. Por outro lado, as crianças que conseguem quantificar 12 objetos não tiram proveito desta situação quando tudo o que podem fazer é encher o cartão.

Um jogo alternativo para evitar este problema é o de colocar 12 (ou mais) objetos numa folha de papel (ou numa bandeja) e retirar, a cada vez, o número indicado pelo dado. O jogador que conseguir livrar-se primeiro de todos os seus objetos é o vencedor (ver Fotografia 8).

"Lero-Lero! Cereja-0" (1972), que pode ser visto na Fotografia 9, é um jogo atraente que usa exatamente o mesmo princípio de remover o número de objetos indicado pela sorte. Contudo, é um jogo mais limitado porque o número de cerejas no início da partida só pode ser de dez. Para a maioria das crianças de 4 anos este não é um número muito fácil.

Fotografia 8. *Acabaram-se Todos* – Neste jogo usam-se pratos de papelão (dos que se encontram no supermercado servindo como embalagem de vegetais), pedaços de isopor (usados em material de embalagem) e um dado. Os jogadores começam com 20 peças de isopor em cada prato e revezam-se jogando o dado, retirando tantas peças quantas indicadas pela quantidade que nele aparece. A pessoa que esvaziar seu prato em primeiro lugar é a vencedora.

O jogo mostrado no Quadro 15(b) é feito com um tabuleiro de isopor, para acondicionar frutas ou ovos, encontrado em mercados.

As crianças jogam lançando um ou mais dados tentando ser a primeira a encher todos os espaços.

O professor pode querer estabelecer regras, até que as crianças tenham jogado vários jogos de tabuleiro. Mais tarde, no entanto, ele pode apresentar um tabuleiro como o que se vê no Quadro 15(c) e pedir que as crianças inventem um jogo. É claro que aquelas que quiserem começar com uma folha de papel em branco devem ser encorajadas a inventar seu jogo sem nenhuma ajuda ou obstáculo.

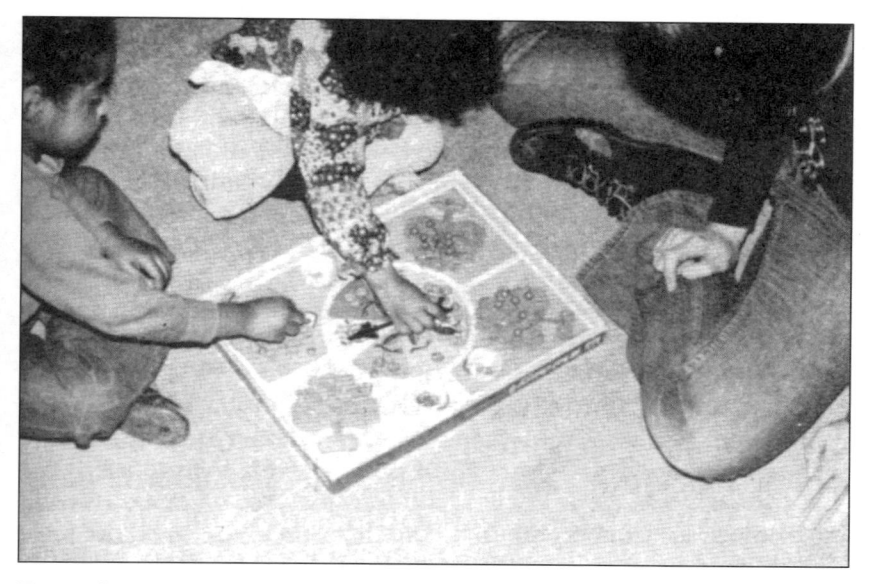

Fotografia 9. *Lero-Lero! Cereja-0*\* – Os jogadores começam colocando as árvores de pé e penduram dez cerejas de plástico em cada uma delas. (A professora descobriu que algumas crianças têm dificuldade de manter as cerejas na árvore e que é mais fácil para elas deixar as árvores sobre o tabuleiro como se vê nesta fotografia. Desta maneira as crianças também podem ver melhor as cerejas.) Em seguida, cada jogador gira o ponteiro da roleta para saber quantas cerejas deve retirar de sua árvore e colocar em seu balde. A pessoa que conseguir retirar todas as dez cerejas primeiro é a vencedora. Não se observa nenhum problema de interpretação quando o ponteiro marca 1, 2, 3 ou 4 cerejas. Contudo, quando ele aponta para o segmento que mostra 13 cerejas transbordando de uma cesta, essas crianças de três anos interpretam a ilustração dizendo simplesmente que é "um montão (ou um bocado ou muitas)". Para alguns, "um montão" significa quatro, enquanto para outros representa que se devem retirar as dez! Pelas regras do jogo essa ilustração propõe que se recoloquem na árvore todas as cerejas que estiverem no balde. No entanto, para essas crianças, a

---

\* Ao traduzir os títulos dos jogos, a tradutora busca encontrar seus correspondentes em português. Quando isso não é possível, faz-se uma adaptação, como no caso presente em que o título "Hi-Ho! Cherry-O" foi traduzido por "Lero-Lero! Cereja-0 (Zero)". Esperamos que os leitores façam as adaptações que julgarem mais convenientes, não só neste sentido dos títulos, como no da adequação de certos aspectos, como a substituição das cerejas por outras frutas mais conhecidas em suas regiões. (N.T.)

ilustração sugere que elas devem retirar bastantes cerejas de sua árvore. De acordo com Piaget as ilustrações não têm significados convencionais como as palavras. Assim sendo, a imposição de regras e significados arbitrários é inapropriada, tal como esta, que é estranha à maneira pela qual as crianças pensam. O que quer que seja que um indivíduo veja numa figura é o que ela significa para *ele*. Se grupos de crianças discordam acerca do significado de uma ilustração, deve-se permitir que cada um deles chegue a um acordo próprio. Da mesma forma, para muitas crianças de quatro anos, quando o ponteiro marca a figura de um cachorro neste jogo, essa representa 4 "porque os cachorros têm quatro pernas". Analogamente, a ilustração de um pássaro significa 2 "porque os pássaros têm duas pernas". Entretanto, de acordo com as regras impressas no jogo, tanto o cachorro quanto o pássaro significam "o jogador tira duas cerejas do seu balde e coloca-as de volta em sua árvore". A imposição de tais regras arbitrárias é prejudicial ao desenvolvimento da autonomia da criança.

## Jogos de baralho

Existem tantos jogos de baralho excelentes para o desenvolvimento do pensamento lógico e numérico que devo ser seletiva e oferecer apenas três exemplos: "Jogo da Memória", "Batalha" e "Cincos". Outros jogos de baralho podem ser encontrados em Kamii e DeVries (1980). "Baralho de Dominós", que é excelente para crianças de 4 e 5 anos, é discutido em Kamii (1981). O "Jogo da Memória" é o mais fácil dos três e viável mesmo para crianças de três anos. "Batalha" é mais difícil, e "Cincos" é ainda mais difícil do que "Batalha" porque envolve adição. (A adição vai além dos objetivos para o pré-primário, discutidos anteriormente. Contudo se algumas crianças adiantadas estiverem genuinamente interessadas, elas devem, certamente, ser encorajadas a prosseguir neste interesse.)

No "Jogo da Memória" (Fotografia 10), as cartas são arrumadas em fileiras e colunas, viradas para baixo. Os jogadores tentam encontrar pares iguais, virando duas cartas para cima, e tentando recordar onde viram os respectivos pares. Se um jogador encontra duas cartas idênticas, pode guardá-las e continuar jogando. Se não, deve tornar a virar as cartas como estavam, e é a vez da outra pessoa. O jogador que consegue o maior número de pares é o vencedor. (As crianças pequenas contam o número de cartas, em vez do número de pares. Algumas comparam a altura das pilhas. Outras não estão, nem um pouco, interessadas em comparar o número de cartas ganhas.)

A maneira mais simples de jogar "Batalha" (Fotografia 11) é com dois jogadores e usando cartas com numeração que vai só até 10.

As cartas são distribuídas entre os jogadores que as arrumam numa pilha, viradas para baixo. Então cada pessoa vira a carta superior

Fotografia 10. *Jogo da Memória* – Duas crianças estão jogando juntas, enquanto uma joga só. Como disse Piaget (1932), as crianças de quatro anos ou jogam sozinhas, sem se preocupar com a necessidade de encontrar um parceiro, ou se o encontram, sem se preocupar de jogar para vencer. Essas crianças não estão nem um pouco interessadas em *comparar* o número de cartas que possuem ao final do jogo, mas *cada criança* tenta, intensamente, conseguir tantas quantas seja possível.

de sua pilha e as duas comparam os números. Aquela que tiver a de número maior fica com as duas cartas. O jogo continua desta forma até que as duas pilhas terminem.[8] A pessoa que consegue mais cartas que a outra é a vencedora.

Assim como no "Jogo da Memória", algumas crianças comparam a altura das pilhas para determinar quem venceu.

Quando as duas cartas viradas para cima têm o mesmo número, cada jogador coloca a carta seguinte virada para baixo, em cima da primeira, e vira uma terceira carta. Esta é comparada com a do adversário e a pessoa que obtiver o número maior pega, então, todas

Fotografia 11. *Batalha* – A comparação entre 6 e 7 requer mais tempo (e contagem, por vezes) do que a comparação entre 2 e 8.

---

8. Algumas crianças continuam a jogar até que uma delas consiga ficar com todas as cartas.

as seis cartas. (Esta regra pode ser modificada para simplificar o jogo. Em vez de colocar a segunda carta virada para baixo, para depois abrir uma terceira carta, os jogadores podem simplesmente comparar a segunda carta.)

"Cincos" envolve a divisão de conjuntos de 5 (ver a Fotografia 12, que ilustra um jogo parecido). Usam-se cartas numeradas de 1 a 4 sendo 8 cartas de cada número (8x4=32 cartas). (Podem ser cartas feitas em casa ou tiradas de dois baralhos.)

Todas as cartas são distribuídas a dois, três ou quatro jogadores. Cada jogador mantém sua pilha virada para baixo. Quando chega sua vez ele abre a carta superior e tenta completar um total de 5 com outra carta.

Por exemplo, se o primeiro jogador descarta um 2 e o segundo abre um 3, o último pode pegar o 2 com o 3 e guardá-los (numa pilha

Fotografia 12. *O Cofre de Porquinho* (ou *O Porquinho*) – O jogo *Cincos* é uma variação deste (Ed-U-Cards 1965). Essa criança modificou a regra e eliminou o ato de dar cartas. Os jogadores se revezam pegando simplesmente a carta de cima da pilha. A criança abriu um 1, tentou 2+1 e concluiu que não podia tirar mais nenhuma carta. Se a jogadora abrir um 3, ela poderá pegar quatro cartas (2+3 e 4+1).

separada). Contudo, se o segundo jogador abre um 1, ele também tem que descartar sua carta porque 2+1'"5.[9]

O jogador que consegue o maior número de cartas é o vencedor.[10]

O "Jogo da Memória" é o único dos três jogos que pode ser jogado tanto com cartas com figuras, como com cartas de baralho normais com números. Para o "Jogo da Memória", no entanto, as cartas com figuras são preferíveis por duas razões:

1. o conteúdo é mais interessante quando são combinadas figuras em vez de números.
2. geralmente, as figuras são mais diferenciadas do que os números e é mais fácil usar um esquema classificatório para lembrar onde uma certa figura foi vista pela última vez do que lembrar onde um determinado número foi visto anteriormente.

Por exemplo, é mais fácil lembrar a localização de um barco ou de uma flor do que a de um 7 ou 4, 5 ou 6.

O leitor pode estar imaginando por que foi que recomendei "Batalha" depois de expressar minha desaprovação com relação a conjuntos previamente preparados em ilustrações como a do Quadro 9 (p. 54).

Vejo uma diferença considerável entre essas atividades. Por exemplo, quando a criança decide se o 8 é ou não maior do que o 9,

---

9. O primeiro jogador nunca pode fazer um total de 5, porque não há cartas sobre a mesa. As crianças pequenas não percebem esta desvantagem e querem ser o primeiro a jogar!
10. Na 1ª série do 1º grau, algumas crianças decidem contar o número de pontos em vez do número de cartas para determinar o vencedor. Algumas crianças contam quantos 5 foram feitos para fazer isso. Outras colocam todos os 1 juntos, todos os 2 juntos etc. e envolvem-se numa espécie de pensamento multiplicatório. Ou seja, elas contam o total obtido com todos os 1, 2 etc.

ela tem que fazer um julgamento que tem consequências sociais imediatas. Geralmente, quando são usadas páginas de cadernos de exercício, este julgamento só é avaliado pela professora muito mais tarde.

Como afirmamos no Princípio 3(a), uma retroalimentação imediata feita pelos colegas é muito melhor do que uma adiada feita por um adulto.

Gostaria de concluir esta discussão sobre jogos em grupo com um problema que aparece na maioria deles – a seleção de "Ele ou Ela" ou do primeiro/a jogador/a.

A maioria das crianças pequenas implora ao professor para que este lhes conceda aquele papel privilegiado. O professor deve ser cuidadoso no sentido de não se transformar naquele que dispensa este privilégio. A melhor reação numa situação como esta deve ser a de dizer: – "Não sei quem escolher. Como é que *vocês* podem decidir de maneira justa?".

A solução mais comum é a de que uma criança recite uma rima, fazendo cada sílaba corresponder a uma criança na ordem definida pela posição dos jogadores no espaço. O jogador na qual a última sílaba cai é o escolhido.

Quando crianças de quatro anos usam este método, algumas vezes a rima vai mais rápido do que a mão, ou vice-versa. Frequentemente estas crianças acabam por escolher a si próprias ao não fazer uma correspondência um a um precisa. Muitas vezes não ocorre às crianças de quatro anos que se encontrem em tal situação, que exista algo errado com este procedimento.

As crianças mais velhas, que se sentem obrigadas a fazer uma correspondência um a um precisa, frequentemente calculam em que pessoa devem começar a rima para fazer a última sílaba cair em si mesmas.

O pensamento envolvido nesta espécie de tentativa deve ser encorajado porque a inteligência desenvolve-se ao ser usada ativamente. Se alguém achar que isto é trapaça, o grupo poderá, então, lidar com este problema.

Se as crianças parecem estar procurando um modo alternativo, porque a rima selecionada já não funciona mais, o professor pode sugerir outra maneira diferente de usar a sorte. Uma alternativa é a de colocar numa bolsa tantas fichas quantas forem as crianças, sendo que só uma é de cor diferente. A criança que a pegar será a primeira a jogar. Uma outra maneira é desenhar num papel tantas linhas quantas forem as crianças (ver Quadro 16), marcar uma delas com um "x" (Quadro 16) e dobrar o papel para esconder o "x" e a parte de cima das linhas. Então cada criança escolhe uma linha e escreve seu nome ou suas iniciais na parte debaixo. Estas maneiras de escolher o primeiro jogador são muito melhores para o desenvolvimento da autonomia e do pensamento numérico da criança do que o exercício da autoridade do adulto.

Para concluir, gostaria de retornar à pergunta colocada no início deste livro: – "Não existe algum modo de aplicar a tarefa de

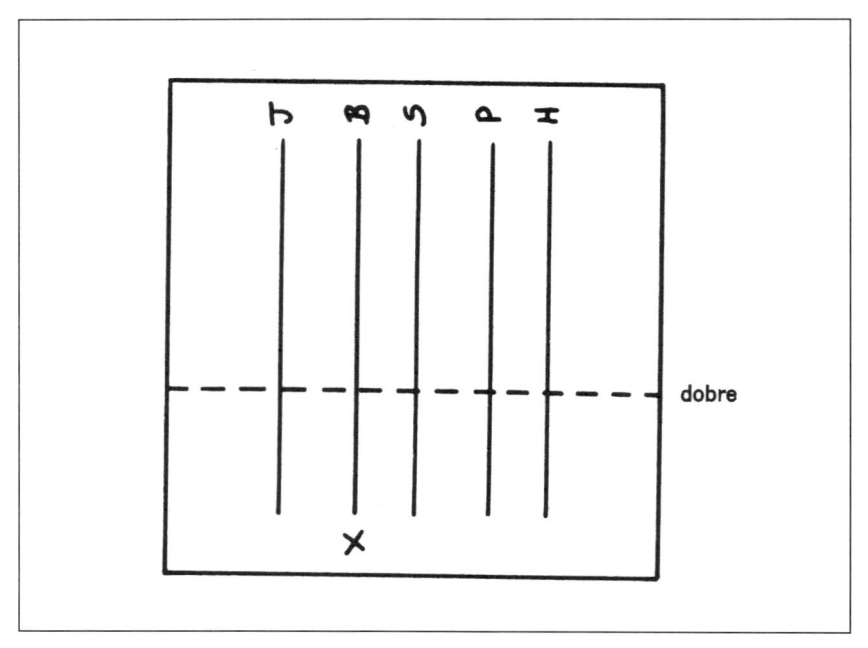

Quadro 16. Método para escolher o primeiro jogador.

conservação na sala de aula?". Minha resposta é a de que esta *tarefa* serve como uma introdução a uma teoria do número muito melhor do que a que tínhamos antes e como um trampolim para estudos posteriores.

Na discussão acima tentei mostrar que há maneiras naturais e indiretas para o professor estimular a criação de todos os tipos de relações entre todas as espécies de objetos e eventos.

Tentei mostrar também que é possível encorajar a quantificação de objetos, dentro de um quadro de referência piagetiano, de modo muito melhor do que as lições e os exercícios prescritos pela maioria dos professores de matemática.

Os educadores não familiarizados com a teoria de Piaget podem acreditar na importância da manipulação de objetos pela criança. No entanto, ficam atordoados quando questionados sobre como é que as crianças aprendem conceitos numéricos pela manipulação de objetos.

Alguns respondem à questão referindo-se vagamente à abstração empírica. A ideia mais original e fundamental da teoria do número de Piaget é a da abstração reflexiva e da construção de uma estrutura numérica pela criança, através da abstração reflexiva.

Este livro deu uns poucos exemplos de atividades tentadas em colaboração com umas poucas professoras. Espero que ele habilite outros professores a prosseguir na invenção de muitas outras.

# REFERÊNCIAS BIBLIOGRÁFICAS

ADJEI, K. (1977). "Influence of specific maternal occupation and behavior on Piagetian cognitive development". *In*: DASEN, P. (org.) *Piagetian psychology: Cross-cultural contributions*. Nova York: Gardner Press.

AL-FAKHRI, S. (1973). "The conservation of length in children". Paper written at the Center of Psychological and Educational Research at the University of Baghdad.

_____ (1977). "The development of the concept of speed among Iraqi children". *In*: DASEN, P. (org.). *Piagetian psychology: Cross-Cultural contributions*. Nova York: Gardner Press.

ALMY, M. (1966). *Young children's thinking*. Nova York: Teachers College Press.

_____ (1970). "The usefulness of Piagetian methods for studying primary school children in Uganda". *In*: ALMY, M.; DURITZ, J.L. e WHITE, M.A. (orgs.). *Studying school children in Uganda*. Nova York: Teachers College Press.

AL-SHAIK, A.A. (1974). "The conservation of length among Iraqi children". Paper written at the University of Baghdad.

BOVET, M.C. (1974). "Cognitive processes among illiterate children and adults". *In*: BERRY, J.W. e DASEN, P.R. (orgs.). *Culture and cognition: Readings in cross-cultural psychology*. Londres: Methuen.

CAPTT, C.L.; GLAYRE, L. e HEGYI, A.(1980). *Des activités de connaissance physique à l' ecole enfantine* (mémoire de licence, Université de Genéve, 1976). Geneva: Greti (Groupe de Réflexion et d'Etude sur l'Education et les Techniques d'Instruction).

DASEN, P.R. (1972). "Cross-cultural Piagetian research: A summary". *Journal of Cross-Cultural Psychology*, 3, pp. 23-39.

_____ (1974). "The influence of ecology, culture and European contact on cognitive development in Australian Aborigines". *In*: BERRY, J.W. e DASEN, P.R. (orgs.). *Culture and cognition: Readings in cross-cultural psychology*. Londres: Methuen.

DE LACEY, P.R. (1970). "A cross-cultural study of classificatory ability in Australia". *Journal of Cross-Cultural Psychology*, 1, pp. 293-304.

DE LEMOS, M.M. (1969). "The development of conservation in Aboriginal children". *International Journal of Psychology*, n. 4, pp. 255-269.

DUNCAN, E.R.; CAPPS, L.R.; DOLCIANI, M.P.; QUAST, W.G. e ZWENG, M. J. (1972). *Modern school mathematics: Structure and use*. Ed. rev. Boston: Houghton Mifflin. (Teacher's annotated).

GILLIERON, C. (1977). "Serial order and vicariant order: The limits of isomorphism". *In*: *Archives de Psychologie*, 45, pp. 183-204.

GRÉCO, P. (1962). "Quantité et quotité". *In*: GRÉCO, P. e MORF. A. *Structures numériques lémentaires: Etudes d'Epistémologie Génétique*, vol. XIII. Paris: Presses Universitaires de France.

HYDE, D.M.G. (1970). *Piaget and conceptual development*. Londres: Holt, Rinehart & Winston.

INHELDER, B. e PIAGET, J. (1950). *The growth of logical thinking from childhood to adolescence*. Nova York: Basic Books.

_____ (1964). *The early growth of logic in the child*. Nova York: Harper & Row.

INHELDER, B.; SINCLAIR, H. e BOVET, M. (1974). *Learning and the development of cognition*. Cambridge: Harvard University Press.

KAMII, C. (1981). "Application of Piaget's theory to education: The preoperational level". *In*: SIGEL, I.E.; BRODZINSKY, D.M. e GOLINKOFF, R.M. (orgs.). *New directions in Piagetian theory and practice*. Hillsdale: Lawrence Erlbaum Associates.

KAMII, C. e DEVRIES, R. (1976). *Piaget, children, and number*. Washington: National Association for the Education of Young Children.

_____ (1978). *Physical knowledge in preschool education: Implications of Piaget's theory*. Englewood Cliffs: Prentice-Hall.

_____ (1980). *Group games in early education: lmplications of Piaget's theory*. Washington: National Association for the Education of Young Children.

KUNZ, J. (1965). *Modern mathematics made meaningful with Cuisenaire rods*. New Rochelle: Cuisenaire Co. of America.

LAURENDEAU-BENDAVID, M. (1977). "Culture, schooling, and cognitive development: A comparative study of children in French Canada and Rwanda". *In*: DASEN, P.R. *Piagetian psychology: Cross-cultural contributions*. Nova York: Gardner Press.

LAVATELLI, C. (1973). "Early childhood curriculum: A Piaget Program". *Teacher's Guide*, 2ª ed. Boston: American Science and Engineering.

MCKINNON, J.W. e RENNER, J.W. (1971). "Are colleges concerned with intellectual development?". *American Journal of Physics*, 39, pp. 1047-1052.

MELJAC, C. (1979). *Décrir, agir et compter.* Paris: Presses Universitaires de France.

MOHSENI, N. (1966) "La comparaison des réactions aux epreuves d'intelligence en Iran et en Europe". Thesis. University of Paris.

MONTESSORI, M. (1964). *The Montessori method.* Nova York: Schocken.

MORF, A. (1962). "Recherches sur l'origine de la connexité de la suite des premiers nombres". *In*: GRÉCO, P. e MORF, A. *Structures numériques elémentaires: Etudes d'Epistémologie Génétique*, vol. XIII. Paris: Presses Universitaires de France.

OPPER, S. (1977). "Concept development in Thai urban and rural children". *In:* DASEN, P. (org.). *Piagetian psychology: Cross-cultural contributions.* Nova York: Gardner Press.

PERRET-CLERMONT, A.-N. (1980). *Social interaction and cognitive development in children.* Londres: Academic Press.

PIAGET, J. (1965). *The moral judgment of the child.* Nova York: Free Press.

_____ (1966). "Need and significance of cross-cultural studies in genetic psychology". *International Journal of Psychology*, 1, pp. 3-13.

_____ (1967). *The child's conception of the world.* Totowa: Littlefield, Adams & Co.

_____ (1971). *The child's conception of time.* Nova York: Ballantine Books.

_____ (1972). "Intellectual Evolution from Adolescence to Adulthood". *Human Development*, 15, pp. 1-12.

_____ (1973). *To understand is to invent.* Nova York: Grossman.

PIAGET, J. e GARCIA, R. (1974). *Understanding causality.* Nova York: Norton.

PIAGET, J. e INHELDER, B. (1956). *The child's construction of space.* Nova York: Norton.

_____ (1973). *Mentallmagery in the child.* Londres: Routledge & Kegan Paul.

_____ (1974). *The child's construction of quantities: Conservation and atomism.* Nova York: Basic Books.

PIAGET, J.; INHELDER, B. e SZEMINSKA, A. (1952). *The child's conception of geometry.* Londres: Routledge & Kegan Paul.

PIAGET, J. e SZEMINSKA, A. (1952). *The child's conception of number.* Londres: Routledge & Kegan Paul.

SAFAR, S. (1974). "The formation of the concepts of seriation and serial correspondences among Iraqi chidren". Masters thesis. University of Baghdad.

SCHWEBEL, M. (1975). "Formal operations in first-year college students". *Journal of Psychology*, 91, pp. 133-141.

STERN, C. e STERN, M. B. (1971). *Children discover arithmetic.* Nova York: Harper & Row.

## *Jogos*

Candy Land. Springfield: Milton Bradley, 1955.

Chutes and Ladders. Springfield: Milton Bradley, 1956.

Hi-Ho! Cherry-O. Racine: Western Publishing, 1972.

Piggy Bank. Nova York: Ed-U-Cards, 1965.

APÊNDICE

# A AUTONOMIA COMO FINALIDADE DA EDUCAÇÃO: IMPLICAÇÕES DA TEORIA DE PIAGET*

Um dos livros de Piaget, *O julgamento moral da criança*, foi publicado em 1932 e é difícil acreditar que os educadores não tenham sido influenciados por esta obra importante. Nele Piaget discorreu sobre a importância da moralidade da autonomia. Autonomia significa ser governado por si próprio. É o contrário de heteronomia, que significa ser governado por outrem.

Um exemplo extremo da moralidade da autonomia pode ser visto em Elliott Richardson, personagem de Watergate. Ele foi a única pessoa do gabinete do presidente Nixon que se recusou a obedecer ao chefe e renunciou a seu cargo. As outras pessoas envolvidas na espionagem de Watergate ilustram a moralidade da heteronomia.

Quando lhes disseram que mentissem, obedeceram a seu superior e persistiram no que sabiam que estava errado.

---

\* Conferência Magistral apresentada na conferência anual da Associação para a Educação de Crianças Pequenas (National Association for the Education of Young Children – NAEYC) da seção regional da Carolina do Norte, Winston – Salem, 16 de outubro de 1981, e na conferência anual da Unidade Regional Du Page da Associação para a Educação de Crianças Pequenas de Chicago. Glen Ellyn, 111. 17 out. 1981.

Este Apêndice está dividido em três partes:

- na primeira parte continuo a discutir autonomia moral;
- na segunda parte discorro sobre o aspecto intelectual da autonomia;
- na terceira parte concluo, discutindo mais especificamente a autonomia como finalidade de ensino.

*Autonomia moral*

Piaget deu exemplos comuns sobre a autonomia moral. Em suas pesquisas, perguntava às crianças de 6 a 14 anos se era pior dizer mentira a um adulto ou a outra criança. As crianças pequenas sistematicamente afirmavam que era pior dizer mentira a um adulto.

Quando perguntadas – "por quê?" – explicavam que os adultos podem saber quando é que uma afirmação não é verdadeira. As crianças maiores, ao contrário, tendiam a responder que, algumas vezes, se sentiam forçadas a mentir para os adultos, mas que era maldade fazê-lo com outras crianças. Este é um exemplo do aspecto moral da autonomia. Para as pessoas autônomas, as mentiras são ruins, independentemente do fato de as pessoas serem descobertas ou não.

Piaget inventou muitos pares de estórias e perguntava às crianças qual das duas crianças era a pior. Apresentamos em seguida um desses pares:

- "Um menininho (ou menininha) sai para dar um passeio na rua e encontra um cachorrão que o/a assusta muito. Então volta para casa e conta à sua mãe que viu um cachorro tão grande como uma vaca."
- "Uma criança chega em casa depois da escola e conta à sua mãe que a professora deu-lhe boas notas, mas não era verdade; a professora não lhe havia dado nem uma nota, nem boa nem má. Então a mãe ficou muito satisfeita e recompensou-a." (1932, p. 148)

As crianças menores manifestavam sistematicamente a moralidade da heteronomia dizendo que era pior declarar que: – "Vi um cachorro tão grande como uma vaca". Por que era pior? Porque os cachorros nunca são tão grandes como vacas e os adultos não acreditam em tais estórias. As crianças mais velhas e mais autônomas, no entanto, tendiam a dizer que era pior declarar que: – "A professora deu-me boas notas", *porque* esta mentira é mais acreditável.

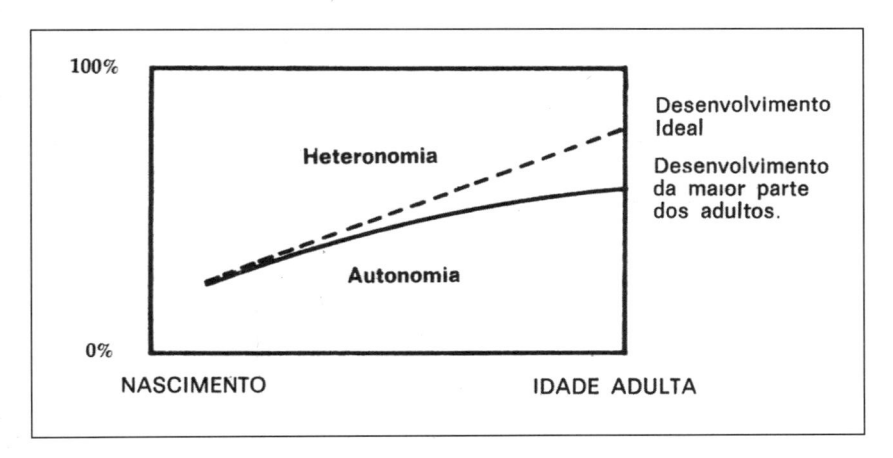

```
100%          ┌─────────────────────────┐   Desenvolvimento
              │                    ╱────│   Ideal
              │  Heteronomia  ╱────     │
              │          ╱────          │   Desenvolvimento
              │      ╱───         ──────│   da maior parte
              │   ╱──       ──────      │   dos adultos.
              │ ──   ───────            │
              │──────      Autonomia    │
  0%          └─────────────────────────┘
        NASCIMENTO                  IDADE ADULTA
```

Quadro A.1. A relação do desenvolvimento entre autonomia e heteronomia.

O Quadro A.1 mostra a relação de desenvolvimento entre a autonomia e a heteronomia. Neste quadro o eixo horizontal representa o tempo que vai do nascimento à idade adulta. O eixo vertical representa a proporção de autonomia em relação com a heteronomia, de 0 a 100 por cento. A linha pontilhada mostra o desenvolvimento ideal de um indivíduo. Todos os bebês nascem desprotegidos e heterônomos.

Em condições ideais a criança torna-se progressivamente mais autônoma à medida que cresce e, ao tornar-se mais autônoma, torna-se menos heterônoma. Ou seja, à medida que a criança torna-se apta a governar-se, ela é menos governada por outras pessoas.

Na realidade, a maioria dos adultos não se desenvolve desta forma ideal. A grande maioria interrompe seu desenvolvimento num nível baixo, como se vê pela linha contínua do Quadro A.1. Piaget (1948) disse que são raros os adultos verdadeiramente morais. Esta observação pode ser facilmente confirmada em nossa vida diária. Os jornais estão cheios de histórias sobre corrupção no governo e sobre roubos, assaltos e assassinatos.

O que torna alguns adultos moralmente autônomos?

A questão importante para os educadores e pais é saber o que é que permite que algumas crianças se tornem adultos moralmente autônomos.

A resposta de Piaget a esta pergunta era a de que os adultos reforçam a heteronomia natural das crianças, quando usam recompensas e castigos, e estimulam o desenvolvimento da autonomia quando intercambiam pontos de vista com as crianças.

Quando uma criança diz uma mentira, por exemplo, o adulto pode privá-la da sobremesa ou fazê-la escrever 50 vezes "Não mentirei". Mas ele também pode evitar de punir a criança e, olhando-a diretamente nos olhos, com grande ceticismo e afeição dizer: – "Realmente não posso acreditar no que você está me dizendo porque...".

Este é um exemplo de troca de pontos de vista que contribui para o desenvolvimento da autonomia nas crianças. A criança que percebe que o adulto não pode acreditar nela pode ser motivada a pensar sobre o que deve fazer para ser acreditada. A criança educada com muitas oportunidades semelhantes a esta pode eventualmente construir para si própria a convicção de que é melhor para todos serem honestos com os outros.

A punição acarreta três tipos de consequências. A mais comum é o calculo de riscos. A criança que for punida repetirá o mesmo ato, mas, da próxima vez, tentará evitar ser descoberta. Os próprios adultos dizem às vezes: – "Não me deixe apanhar você fazendo isso outra vez!".

Em outras ocasiões, a criança decide estoicamente, e por antecipação, que mesmo que seja descoberta, o preço será compensado pelo prazer que obterá.

A segunda consequência possível da punição é a conformidade cega. Algumas crianças sensíveis tornam-se totalmente conformistas, porque a conformidade lhes garante segurança e respeitabilidade. Quando se tornam completamente conformistas, as crianças não precisam mais tomar decisões, tudo o que devem fazer é obedecer.

A terceira consequência possível é a revolta. Algumas crianças comportam-se muito bem durante anos, mas decidem, num determinado momento, que estão cansadas de satisfazer a seus pais e professores todo o tempo e que chegou a hora de começar a viver por si próprias. Podem então começar a envolver-se em vários comportamentos que caracterizam a delinquência. Estes comportamentos podem parecer atos autônomos, mas existe uma vasta diferença entre autonomia e revolta. Numa revolta, a pessoa está contra o conformismo, mas o não conformismo não torna necessariamente a pessoa moralmente autônoma.

Assim a punição reforça a heteronomia das crianças e impede que elas desenvolvam sua autonomia. Embora as recompensas sejam melhores do que as punições, elas também reforçam a heteronomia das crianças. As crianças que ajudam os pais só para receber dinheiro como prêmio e aquelas que estudam só para receber boas notas são governadas por outros, exatamente como as crianças que são "boazinhas" só para evitar punições.

Os adultos exercem poder sobre as crianças usando recompensas e castigos, e são precisamente essas sanções que mantêm as crianças obedientes e heterônomas.

Se queremos que as crianças desenvolvam a autonomia moral, devemos reduzir nosso poder adulto, abstendo-nos de usar recompensas e castigos e encorajando-as a construir por si mesmas seus próprios valores morais. Por exemplo, a criança terá possibilidade de pensar sobre a importância da honestidade somente se, em vez de ser punida por contar mentiras, ela for confrontada com o fato de que outras pessoas não podem acreditar ou confiar nela.

A essência da autonomia é que as crianças se tornem aptas a tomar decisões por si mesmas. Mas a autonomia não é a mesma coisa que a liberdade completa. A autonomia significa levar em consideração os fatos relevantes para decidir agir da melhor forma para todos. Não pode haver moralidade quando se considera apenas o próprio ponto de vista. Quando uma pessoa leva em consideração os pontos de vista das outras, não está mais livre para mentir, quebrar promessas e ser leviana.

Piaget era bastante realista para dizer que na vida cotidiana é impossível evitar totalmente as punições. As ruas estão cheias de carros, e, obviamente, não podemos permitir que as crianças mexam em aparelhos de som estereofônico e tomadas elétricas. Contudo, Piaget fez uma distinção importante entre punição e sanções por reciprocidade.

Privar uma criança da sobremesa por dizer mentiras é um exemplo de punição, pois a relação entre mentira e sobremesa é completamente arbitrária. Mas dizer-lhe que não podemos acreditar nela é um exemplo de sanção por reciprocidade.

As sanções por reciprocidade estão diretamente relacionadas com o ato que se deseja sancionar e com o ponto de vista do adulto, tendo o efeito de motivar a criança a construir, por si mesma, regras de condutas através da coordenação de pontos de vista.

Piaget (1932, Capítulo 3) deu seis exemplos de sanções por reciprocidade. Eu gostaria de abordar quatro deles. O primeiro é uma exclusão temporária ou permanente do grupo. Quando uma criança perturba os adultos à mesa do jantar, os pais dizem frequentemente: – "Você poderá ficar aqui sem nos aborrecer, ou então ir para seu quarto e fazer barulho".

Esta sanção está relacionada com o ato sancionado e com os pontos de vista dos adultos, dando à criança a possibilidade de construir por si mesma a regra de ter consideração com outras pessoas. Esclarecemos que a escolha oferecida é coercitiva e entre duas coisas que desagradam à criança, mas o elemento importante é a possibilidade de tomar uma decisão. O que está implícito é que, se e quando a criança decidir ficar quieta, terá a possibilidade de voltar ao grupo.

Os professores usam frequentemente esta sanção de exclusão do grupo. Por exemplo, quando um grupo está ouvindo uma estória e uma criança o perturba, o professor muitas vezes diz: – "Você pode ficar aqui sem nos aborrecer, ou terei que lhe pedir que vá para o canto dos livros ler sozinha".

Sempre que possível, deve-se dar à criança a possibilidade de decidir quando ela poderá comportar-se bastante bem para voltar ao grupo. Limites mecânicos de tempo servem apenas como punição e as crianças que cumpriram o tempo previsto muitas vezes se sentem perfeitamente livres para cometer a mesma falta outra vez.

O segundo tipo de sanção por reciprocidade é apelar para a consequência direta e material do ato. Já dei um exemplo deste tipo de sanção em relação às mentiras das crianças.

O terceiro tipo de sanção por reciprocidade é o de privar a criança da coisa que ela usou mal.

Há algum tempo, estive, durante três dias consecutivos, numa sala de aula de crianças de quatro e cinco anos de idade. A sala era pequena para uma classe de aproximadamente 25 crianças, e mais ou menos um terço de sua área estava ocupado com blocos de construção que ali ficaram durante toda a minha visita.

Fiquei surpresa de ver que as elaboradas construções se mantiveram por três dias e que as crianças eram extremamente cuidadosas em não derrubar o trabalho dos demais, quando iam à área dos blocos modificar seus próprios trabalhos.

Quando perguntei à professora como ela conseguira que as crianças fossem tão cuidadosas, explicou-me que tinha sido muito rigorosa no começo do ano e não deixava que as crianças que derrubavam alguma coisa fossem à área dos blocos. Mais tarde, ela negociou com cada criança o direito de ir àquela área, quando elas já sabiam que este direito deveria ser conquistado.

O quarto tipo de sanção por reciprocidade é a reparação. Por exemplo, se uma criança respinga tinta no chão, uma reação apropriada seria dizer: – "Você gostaria que eu a ajudasse a limpar?". Mais tarde, durante o ano, será suficiente dizer: – "O que vamos fazer?".

Um dia, numa classe de crianças de quatro e cinco anos, uma delas chegou chorando para a professora porque seu projeto de arte tinha sido estragado. A professora dirigiu-se à turma dizendo que queria que a pessoa que tinha quebrado o objeto ficasse com ela durante o recreio, para que pudesse ajudá-la a consertá-lo.

A criança responsável pelo estrago pôde ver o ponto de vista da vítima e foi encorajada a construir por si mesma a regra da reparação. Enquanto ajudava a criança a consertar o objeto quebrado, a professora propôs que ela a procurasse da próxima vez que algo parecido acontecesse, para que pudesse ajudá-la a consertar o objeto.

Quando as crianças não têm medo de ser punidas, elas se manifestam espontaneamente e fazem a reparação.

Piaget chamava a atenção para o fato de que todas as sanções precedentes poderiam facilmente degenerar em punições se não houvesse uma relação de afeto e respeito mútuos entre o adulto e a criança. A criança que se sente respeitada em sua maneira de pensar e sentir é capaz de respeitar a maneira como os adultos pensam e sentem.

Construtivismo

A teoria de Piaget sobre como as crianças aprendem valores morais é fundamentalmente diferente das outras teorias tradicionais e do senso comum.

Na visão tradicional, acredita-se que a criança adquira os valores morais internalizando-os a partir do meio ambiente.

De acordo com Piaget, as crianças adquirem valores morais não por internalizá-los ou absorvê-los de fora, mas por construí-los interiormente, através da interação com o meio ambiente. Por exemplo, ninguém ensina às crianças que é pior dizer uma mentira a um adulto do que a uma outra criança. No entanto, crianças mais novas constroem esta crença a partir do que lhes dizem.

Da mesma forma ninguém ensina às crianças que é pior dizer: – "Vi um cachorro tão grande como uma vaca," do que dizer: "A professora deu-me boas notas". Mas as crianças pequenas fazem tais julgamentos ao colocar em relação tudo o que lhes disseram. Felizmente, elas continuam a construir outras relações e muitas delas acabam acreditando que é pior dizer: – "A professora deu-me boas notas".

Certamente todos nós fomos punidos em criança, mas na medida em que também tivemos a possibilidade de coordenar nossos pontos de vista com os dos outros, tivemos a possibilidade de tornar-nos mais autônomos. Elliott Richardson foi, provavelmente, criado para tomar decisões considerando os pontos de vista das outras pessoas, em vez de considerar apenas um sistema de recompensas.

O caso de Watergate ilustra a concepção de Piaget de que a autonomia é indissociavelmente moral e intelectual. É claro que os homens que acabaram indo para a prisão eram imorais, mas pode-se dizer também que foram incrivelmente estúpidos, como as crianças pequenas que são demasiado egocêntricas para saber que, de algum modo, a verdade será revelada mais cedo ou mais tarde.

Gostaria, agora, de examinar o desenvolvimento da autonomia intelectual da criança.

*Autonomia intelectual*

No âmbito intelectual, autonomia também significa autogoverno, assim como heteronomia é ser governado por outrem. Um exemplo extremo de autonomia intelectual é o de Copérnico, ou o do inventor de qualquer outra teoria revolucionária na história da ciência. Copérnico inventou a teoria heliocêntrica quando todos os demais acreditavam que o Sol girava ao redor da Terra.

Chegou a ser ridicularizado e afastado da cena acadêmica, mas foi autônomo o bastante para continuar convencido de sua própria ideia.

Em contrapartida, uma pessoa heterônoma, acredita sem questionamentos em tudo que lhe dizem, inclusive em conclusões ilógicas, em *slogans* e em propaganda.

Um exemplo mais comum de autonomia intelectual é o de minha sobrinha, que acreditava em Papai Noel.

Quando tinha aproximadamente seis anos, surpreendeu sua mãe perguntando-lhe um dia: – "Como é que Papai Noel usa o mesmo papel de presente que o nosso?". A "explicação" de sua mãe satisfez por uns poucos minutos, mas logo veio a pergunta seguinte: – "Como é que Papai Noel tem a mesma letra do papai?". Esta criança tinha sua própria maneira de pensar, que era diferente do que lhe ensinaram.

De acordo com Piaget, a criança adquire o conhecimento ao construí-lo a partir de seu interior, em vez de internalizá-lo diretamente de seu meio ambiente.

As crianças podem internalizar o conhecimento ensinado por um momento, mas elas não são recipientes que meramente retêm o que é entornado em sua cabeça.

Um modo mais preciso de discutir o construtivismo é o de dizer que as crianças constroem o conhecimento criando e coordenando relações. Quando minha sobrinha colocou Papai Noel em relação com tudo o mais que ela conhecia, começou a sentir que alguma coisa estava errada em algum ponto. Uma vez que os presentes recebidos de outras pessoas, fora de sua família, vinham geralmente embrulhados em papéis diferentes, ela começou a suspeitar daqueles que vinham no papel familiar.

É bem verdade que as pessoas podem comprar o mesmo tipo de papel nas lojas, mas quando as crianças não estão convencidas do que lhes dizem, dão 'tratos à bola' para entender a situação.

Infelizmente as crianças não são encorajadas na escola a pensar de maneira autônoma.

Os professores também usam sanções no âmbito intelectual para conseguir que as crianças deem as respostas "certas" que eles querem ouvir. Uma maneira desta prática é a maneira de corrigir as folhas de exercícios.

Na aritmética da primeira série do primeiro grau, por exemplo, se uma criança escreve que "4+2=5", a maioria dos professores assinala isto como um erro.

O resultado deste tipo de correção é que as crianças se tornam convencidas de que a verdade advém somente da cabeça do professor.

Além do mais, quando circulo por uma sala de primeira série, em que as crianças estão trabalhando em suas páginas de exercícios de aritmética, e paro para perguntar a alguma delas como foi que conseguiu um determinado resultado, sua reação típica é a de pegar a borracha e apagar como louca, mesmo quando sua resposta está perfeitamente correta! Já na primeira série as crianças aprendem a desconfiar de seu próprio pensamento.

As crianças que são desencorajadas assim de pensar autonomamente construirão menos conhecimentos do que aquelas que são mentalmente ativas e autoconfiantes.

Quando uma criança diz que 4+2=5, a melhor forma de reagir, em vez de corrigi-la, é perguntar-lhe: – "Como foi que você conseguiu 5?". As crianças corrigem-se frequentemente de modo autônomo, à medida que tentam explicar seu raciocínio a uma outra pessoa. Pois a criança que tenta explicar seu raciocínio tem que descentrar para apresentar a seu interlocutor um argumento que tenha sentido. Assim, ao tentar coordenar seu ponto de vista com o do outro, frequentemente ela se dá conta do seu próprio erro.

Um modo ainda melhor de ensinar aritmética na primeira série é o de eliminar totalmente a instrução e introduzir muitos jogos como a "Batalha Dupla".

Este jogo é parecido com a "Batalha", com a diferença de que é a soma de duas cartas que é comparada com a soma das cartas do adversário, como se vê no Quadro A.2.

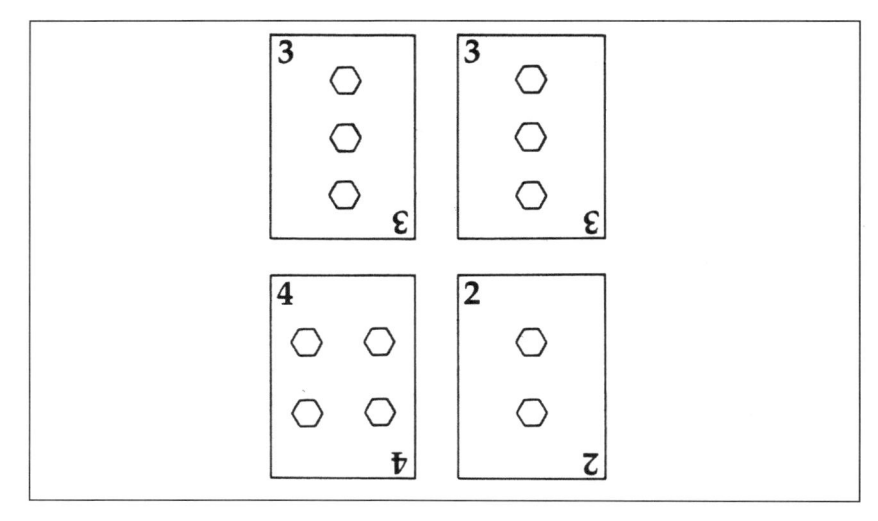

Quadro A.2. Comparando a soma de duas cartas no jogo *Batalha Dupla*.

As crianças não necessitam ser ensinadas a somar porque podem calcular por si próprias o resultado de cada adição. Além disso, num jogo, elas podem intercambiar seus pontos de vista quando um dos jogadores afirma, por exemplo, que 2+4=5. Esta maneira de aprender é muito mais ativa e conducente ao desenvolvimento da autonomia do que as folhas de exercícios.

Em minha pesquisa atual, constato que as crianças que jogam bastante estes jogos sempre se lembram das somas.

De acordo com o construtivismo de Piaget, a coordenação de pontos de vista entre colegas é mais eficaz do que a correção feita pelo professor.

Apresentamos, em seguida, um exemplo de ensino de gramática numa sala de sexta série.

A classe estava aprendendo a diagramar sentenças e o grupo estava dividindo em seis subgrupos de quatro ou cinco alunos cada.

Quando cheguei, depois do almoço, o professor escreveu na lousa uma sentença um tanto astuciosa e deu 20 minutos para que os grupos a diagramassem. Terminado o tempo, um representante de cada grupo foi à lousa e colocou um diagrama. Dois dos seis diagramas foram apagados imediatamente, porque eram idênticos a dois outros. Alguns estudantes apresentaram então argumentos bem ponderados ou a favor de um diagrama ou para mostrar que um outro era inadequado.

O autor da versão atacada deveria então defendê-la vigorosamente. Os argumentos continuavam com intensidade até que chegou a hora do recreio. Nesta altura, todos já haviam concordado que duas das quatro versões não poderiam ser defendidas e tinham que ser apagadas. Quando as crianças voltaram do intervalo, o professor perguntou-lhes se desejavam a resposta. Alguns disseram "Sim", mas outros responderam: – "Não, porque você nos dará a resposta errada só para ver se pode nos enganar!".

O professor admitiu que realmente pretendia fazer isso. Os argumentos e contra-argumentos continuaram e a turma finalmente concordou quanto à superioridade de um dos diagramas.

Essa classe passou a tarde inteira analisando uma sentença. Mas fiquei com a impressão de que as crianças haviam pensado com tanto empenho sobre cada ideia bem articulada, que estavam convencidas sobre a superioridade do diagrama final. Muitas crianças apresentaram ideias erradas durante a discussão, mas foram encorajadas a defender sua opinião até que estivessem convencidas de estar erradas. De acordo com o construtivismo, as crianças aprendem modificando velhas ideias, e não acumulando informações novas de novos pedacinhos. Um debate sobre a superioridade de um diagrama ou de outro é bom porque encoraja as crianças a confrontar diferentes opiniões, de maneira crítica, e a modificar velhas ideias quando estão convencidas de que uma nova é melhor.

Os professores em todos os níveis de idade, incluindo a universidade, podem ensinar de maneira semelhante à desse professor de sexta série que encoraja a autonomia intelectual dos estudantes.

Infelizmente, na escola, os estudantes são levados a recitar respostas "certas" e raramente são perguntados sobre o que pensam sinceramente.

Hoje em dia, os educadores da educação pré-primária frequentemente definem seus objetivos dizendo que as crianças devem aprender os chamados "conceitos", tais como os de números, letras, cores, formas geométricas, *em cima, embaixo, entre, da esquerda para a direita, mais comprido, o mais comprido, primeiro, segundo e terceiro* etc. Eu me oponho a esta maneira de definir objetivos porque conduz o professor a ensinar uma palavra desconexa depois da outra, em vez de encorajar as crianças a construírem o conhecimento em relação com o que já conhecem. Esta imposição de listas de palavras equivale à tentativa de fazer com que uma árvore cresça colocando as folhas a partir do exterior. As folhas nascem de dentro da planta e cada planta ou animal se desenvolve de dentro para fora, com sua própria organização.

Outra preocupação contemporânea é com as chamadas "competências mínimas" necessárias para que a criança passe para a série seguinte. Em aritmética, a competência mínima para as crianças de primeira série (onde estou pesquisando atualmente) é a de memorizar somas até dez. As crianças de uma classe comum de primeira série tinham folhas de exercícios e treinos diários para memorizar estas somas.

As crianças com quem eu trabalhava, ao contrário, não tinham nem instrução, nem treinos, nem folhas de exercícios, nem pressão. Só jogavam jogos como "Batalha Dupla". A comparação dos resultados pode ser vista nas Tabelas A.1 e A.2.

Para mim, a moral desta história é que se você solicita apenas competências mínimas, você obterá apenas competências mínimas. As crianças que são encorajadas a pensar ativa, crítica e autonomamente aprendem mais do que as que são levadas a obter apenas as competências mínimas.

Tendo discutido o que Piaget entendia por autonomia moral e intelectual, gostaria agora de discorrer mais especificamente sobre a autonomia como finalidade de educação.

## Autonomia como finalidade de educação

O Quadro A.3 mostra a autonomia como finalidade de educação em relação com as metas educacionais definidas atualmente pela maioria dos educadores e do público. A parte sombreada do círculo da direita (rotulada "as metas da maioria dos educadores e do público") não se sobrepõe ao outro círculo, representa as coisas que memorizamos na escola somente para passar num exame após outro.

Todos que tiveram êxito na escola só conseguiram este sucesso porque memorizavam um número enorme de palavras sem as entender ou sem se importar com elas. Todos nos lembramos da alegria de estar livres para nos esquecer das coisas que memorizamos só para passar num exame.

Fizemos estes esforços porque éramos, sobretudo, bons e obedientes conformistas.

As pesquisas de McKinnon e Renner (1971) e Schwebel (1975), sobre a capacidade dos estudantes do primeiro ano da universidade de pensar logicamente ao nível das operações lógico-formais, demonstram o resultado desse tipo de educação por memorização. Estes estudantes universitários foram os melhores alunos nas escolas primária e secundária e bastante bem-

Tabela A.1. Porcentagem de crianças da primeira série do 1º grau que deram a resposta correta imediatamente: adendos até seis. Junho de 1981.

| | Experimental N = 24 | Controle N = 12 | Diferença |
|---|---|---|---|
| 2 + 2 | 100 | 100 | 0 |
| 5 + 5 | 100 | 92 | 8 |
| 3 + 3 | 100 | 100 | 0 |
| 4 + 1 | 100 | 100 | 0 |
| 6 + 1 | 100 | 100 | 0 |
| 5 + 1 | 100 | 100 | 0 |
| 1 + 4 | 100 | 100 | 0 |
| 2 + 3 | 100 | 92 | 8 |
| 5 + 2 | 100 | 92 | 8 |
| 4 + 4 | 96 | 100 | -4 |
| 1 + 5 | 96 | 100 | -4 |
| 6 + 6 | 88 | 75 | 13 |
| 4 + 2 | 88 | 83 | 5 |
| 3 + 2 | 88 | 92 | -4 |
| 2 + 5 | 88 | 92 | -4 |
| 6 + 2 | 88 | 83 | 5 |
| 2 + 6 | 88 | 67 | 21 |
| 6 + 3 | 79 | 67 | 12 |
| 4 + 5 | 75 | 92 | -17 |
| 2 + 4 | 75 | 92 | -17 |
| 5 + 4 | 71 | 83 | -12 |
| 4 + 3 | 71 | 83 | -12 |
| 3 + 4 | 71 | 75 | -4 |
| 4 + 6 | 67 | 50 | 17 |
| 5 + 3 | 63 | 83 | -20 |
| 3 + 6 | 63 | 67 | -3 |
| 3 + 5 | 63 | 75 | -12 |
| 6 + 5 | 54 | 58 | -4 |
| 5 + 6 | 50 | 58 | -8 |

sucedidos para entrar na universidade. Mas a porcentagem de universitários capazes de raciocinar sistematicamente ao nível lógico-formal era apenas de 25%, na pesquisa de McKinnon e Renner, e de 20% na de Schwebel.

A capacidade de pensar logicamente ao nível formal pertence ao círculo rotulado "autonomia" no Quadro A.3. Ela pertence, mais precisamente, à parte do círculo que não se sobrepõe ao outro, uma vez que tão poucos estudantes do 1º ano universitário parecem ter chegado às operações formais depois de terem sido bem-sucedidos na escola secundária.

Tabela A.2. Porcentagem de alunos da primeira série do 1º grau que deram a resposta correta imediatamente: adendos de sete a dez. Junho 1981.

|          | Experimental N = 24 | Controle N = 12 | Diferença |
|----------|---------------------|-----------------|-----------|
| 9 + 1    | 100                 | 100             | 0         |
| 7 + 2    | 100                 | 83              | 17        |
| 1 + 10   | 100                 | 92              | 8         |
| 10 + 10  | 100                 | 75              | 25        |
| 2 + 8    | 88                  | 67              | 21        |
| 7 + 3    | 83                  | 67              | 16        |
| 9 + 2    | 79                  | 67              | 12        |
| 9 + 9    | 63                  | 58              | 5         |
| 8 + 5    | 54                  | 42              | 12        |
| 8 + 8    | 54                  | 42              | 12        |
| 7 + 7    | 50                  | 50              | 0         |
| 5 + 7    | 50                  | 58              | -8        |
| 7 + 8    | 38                  | 25              | 13        |

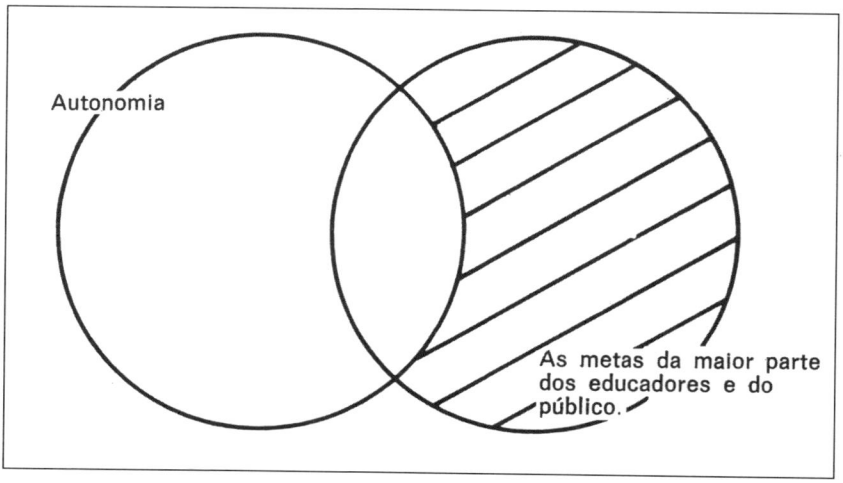

Quadro A.3. A autonomia como finalidade da educação em relação com as metas da educação que atualmente são aprendidas pela maior parte dos educadores e do público.

Após a apresentação de seus dados, McKinnon e Renner se perguntaram sobre que tipo de educação esses estudantes tinham recebido na escola secundária. A conclusão deles foi, evidentemente, a escola secundária não ensina os alunos a refletir. Ao verem que os professores do secundário não insistem sobre a reflexão de seus alunos, os autores se perguntaram sobre quem havia formado esses professores. Em síntese a resposta foi: "Foram as universidades que formaram os professores do secundário". Ou seja, a capacidade de refletir é deixada de lado em todo o sistema de educação, do começo ao fim. E isto é muito grave, quando pensamos que um indivíduo incapaz de refletir logicamente não pode, evidentemente, refletir de maneira crítica e autônoma.

Também no âmbito moral, como declarei anteriormente, as escolas atuais reforçam a heteronomia das crianças e, sem se darem conta, impedem que estas desenvolvam sua autonomia.

Para fortalecer as regras e os padrões dos adultos, as escolas usam testes, notas, estrelas douradas, o quarto de castigo, méritos e deméritos e prêmios. Assim, a parte do círculo rotulada "autonomia" e que não se sobrepõe ao outro círculo se relaciona com a autonomia moral e intelectual.

Na interseção dos dois círculos situam-se as coisas que aprendemos na escola e que foram úteis para o desenvolvimento de nossa autonomia. A habilidade de ler e escrever, fazer aritmética, ler mapas e tabelas e situar eventos históricos são exemplos do que aprendemos na escola e que foi útil à nossa adaptação ao meio ambiente. *Se a autonomia é a finalidade da educação, precisam ser feitas tentativas no sentido de aumentar a área de sobreposição entre os dois círculos.*

Em conclusão, a teoria de Piaget não implica apenas a invenção de um outro método para atingir as mesmas metas tradicionais. A autonomia como finalidade da educação implica uma nova conceituação de objetivos. Não tenho nada contra respostas corretas ou os 3R*. Em realidade eu os apoio. Mas há uma enorme diferença entre uma resposta correta produzida autonomamente com convicção pessoal e uma produzida heteronomamente por obediência.

Da mesma forma há uma enorme diferença entre um "bom" comportamento escolhido autonomamente e um "bom" comportamento realizado através da conformidade cega.

---

\* 3R equivalem a: ler, escrever e calcular: Reading, wRiting e aRithmetic em inglês. (N.T.)

Ironicamente, muitos educadores gostariam de ver a autonomia moral e a autonomia intelectual em seus alunos. A tragédia está em que, por não saber a distinção entre autonomia e heteronomia, e por ter ideias ultrapassadas sobre o que é que faz as crianças "boas" e "educadas", continuam a depender de prêmios e punições, convencidos de que estes são essenciais para a produção de futuros cidadãos adultos bons e inteligentes.

A educação é uma profissão subdesenvolvida que agora está em um nível semelhante ao estágio pré-copernicano na astronomia. Assim como os astrônomos, anteriores a Copérnico, fizeram muitas correções pequenas para predições específicas sobre a posição dos planetas e que não funcionaram, os educadores estão tentando resolver uma variedade de problemas como os baixos resultados em testes, a apatia, a vadiagem, os problemas com drogas e o vandalismo, como se estes fossem problemas separados. A teoria da autonomia de Piaget sugere a necessidade de uma revolução copernicana na educação.

Ao mudar o foco de nosso pensamento daquilo que *"nós fazemos"* para "como as *crianças* se desenvolvem", podemos começar a ver os temas acadêmicos e a educação moral partindo do ponto de vista de como as crianças aprendem.

O que a educação precisa hoje, mais do que dinheiro, é uma reconceituação fundamental dos objetivos. Ao enfocar a autonomia da criança, podemos bem animar o desenvolvimento das crianças com velhos valores, tais como o amor pelo estudo e autodisciplina. As crianças respeitam as regras que *elas* fazem para si próprias. Elas também trabalham com mais empenho para atingir as metas que *elas* colocam para elas mesmas.

A autonomia como finalidade da educação é, num certo sentido, uma nova ideia que revolucionará a educação.

Em outro sentido, contudo, pode ser vista como um retorno a antigos valores e relações humanas.